100

为新中国成立作出突出贡献的英雄模范人物

李公朴

白仁龙/编著

★

吉林出版集团 | 吉林文史出版社

图书在版编目（CIP）数据

李公朴 / 白仁龙编著. -- 长春：吉林文史出版社，
2011.4（2024.5重印）
（100位为新中国成立作出突出贡献的英雄模范人物）
ISBN 978-7-5472-0546-4

Ⅰ．①李… Ⅱ．①白… Ⅲ．①李公朴（1902～1946）一
生平事迹 Ⅳ．①K827=6

中国版本图书馆CIP数据核字(2011)第050748号

李公朴

LIGONGPU

编著/ 白仁龙

选题策划/ 王尔立　责任编辑/ 王尔立

装帧设计/ 韩璘

出版发行/ 吉林文史出版社

地址/ 长春市福祉大路5788号　邮编/ 130118

电话/ 0431-81629363　传真/ 0431-86037589

印刷/ 天津海德伟业印务有限公司

版次/ 2011年4月第1版 2024年5月第7次印刷

开本/ 640mm×920mm　1/16

印张/ 9 字数/ 100千

书号/ ISBN 978-7-5472-0546-4

定价/ 29.80元

《100位为新中国成立作出突出贡献的英雄模范人物》丛书

★★★★★

编　委　会

100位

为新中国成立作出突出贡献的英雄模范人物

八女投江	于化虎	小叶丹	马本斋	马立训	方志敏
毛泽民	毛泽覃	王尔琢	王尽美	王克勤	王若飞
邓萍	邓中夏	邓恩铭	韦拔群	冯平	卢德铭
叶挺	叶成焕	左权	诺尔曼·白求恩		任常伦
关向应	刘老庄连	刘伯坚	刘志丹	刘胡兰	吉鸿昌
向警予	寻淮洲	戎冠秀	朱瑞	江上青	江竹筠
许继慎	阮啸仙	何叔衡	佟麟阁	吴运铎	吴焕先
张太雷	张自忠	张学良	张思德	旷继勋	李白
李林	李大钊	李公朴	李兆麟	李硕勋	杨殷
杨子荣	杨开慧	杨虎城	杨靖宇	杨闇公	萧楚女
苏兆征	邹韬奋	陈延年	陈树湘	陈嘉庚	陈潭秋
冼星海	周文雍、陈铁军夫妇		周逸群	明德英	林祥谦
罗亦农	罗忠毅	罗炳辉	郑律成	恽代英	段德昌
贺英	赵一曼	赵世炎	赵尚志	赵博生	赵登禹
闻一多	埃德加·斯诺	夏明翰	格里戈里·库里申科		
狼牙山五壮士	聂耳	郭俊卿	钱壮飞	黄公略	
彭湃	彭雪枫	董存瑞	董振堂	谢子长	鲁迅
蔡和森	戴安澜	瞿秋白			

前 言

　　每个人的心中都多少有一点英雄情结，都向往英雄、景仰英雄。也正因此，在中华人民共和国建国六十周年之际，由中央十一部委联合组织开展的"100位为新中国成立作出突出贡献的英雄模范人物和100位新中国成立以来感动中国人物"的评选活动中，群众参与投票总数近一亿。这其中的每一张选票，都表达了人们对英雄模范的崇敬之情，寄托着对伟大祖国的美好祝福。

　　一个民族不能没有英雄，否则这个民族就不会强大。当国家危难之时，懦弱者选择了逃避、妥协甚至投降，英雄们却挺身而出，用热血捍卫民族的尊严，人民的幸福。在创立和建设新中国的伟大历程中，涌现出无数可歌可泣的英雄模范人物。他们之中，有为了民族独立和人民解放而英勇牺牲的革命先烈，有为了党和人民的事业而不懈奋斗的优秀共产党员，有在全民族抗战中顽强奋战、为国捐躯的爱国将士，有英勇杀敌的战斗英雄和革命群众，有积极从事进步活动的著名民主爱国人士和国际友人……他们是民族的脊梁、祖国的骄傲，是激励全体人民团结奋斗的精神力量。

　　《100位为新中国成立作出突出贡献的英雄模范人物传记》丛书，就像一部星光璀璨的英雄谱，真实、完整地记录了英雄模范人物不平凡的一生，再现了他们非凡的人格魅力和精神世界。"头颅可断腹可剖"的铁血将军杨靖宇，"毫不利己，专门利人"的白求恩，"抗战军人之魂"张自忠，"砍头不要紧"的夏明翰，"俯首甘为孺子牛"的文化斗士鲁迅……一串串闪光的名字，一个个动人的故事，犹如群星闪烁，光耀中华。

　　如今，战火已熄，硝烟已散，英雄已逝，我们沐浴在和平的幸福之中。在和平年代，人们不会忘记为今日的和平浴血奋战的英雄们，英雄的故事永远不会结束。让我们用英雄的故事唤醒我们心中的激情，为中华民族的伟大复兴而奋斗。

生平简介

李公朴（1902-1946），男，汉族，江苏省常州市人，中国民主同盟盟员。

李公朴 1924 年入沪江大学。1925 年参加五卅运动，同年加入中国国民党。1926 年赴广州参加北伐军，在国民革命军东路军前敌总指挥部政治部工作。大革命失败后赴美留学，1930 年回国。九·一八事变后，从事抗日救亡运动和群众文化教育工作。1934 年参与创办《读书生活》半月刊。1936 年上海各界救国联合会和全国各界救国联合会成立，均当选为执行委员。同年 11 月，与沈钧儒、邹韬奋等七人在上海被国民党当局逮捕，成为轰动全国的"七君子事件"。出狱后，继续从事抗日救亡活动，在武汉参与合编《全民抗战》杂志，宣传抗日救国。武汉沦陷后，曾到延安参观访问，并组织抗战建国教学团到晋察冀、晋冀鲁豫边区参观。1940 年底回到重庆，后移居昆明，从事民主文化活动。创办北门书屋和北门出版社，出版、销售进步文艺书刊，宣传抗日救国和民主进步思想。1944年中国民主同盟在昆明成立云南支部，当选为执行委员。1945年 10 月当选民盟中央执行委员。1946 年 2 月 10 日，重庆各界举行庆祝政协成立大会，被推为五人主席团成员。因反对国民党的独裁、内战政策，同年 7 月 11 日晚被国民党特务暗杀。

1902-1946
[LIGONGPU]

目 录 MULU

虽千万人吾往矣（代序）

    20世纪初的中国，始终处于救亡图存的民族矛盾斗争以及反专治、争民主两种力量的激烈较量之中。60年之后，当硝烟散尽，李公朴之所以仍然能够感动世人，就是因为他一介布衣而心怀家国天下，以炽热的感情、磊落的胸怀、豪迈的气度、卓越的才能，为民族、为民主、为苍生黎庶奔走呼号，虽九死而犹未悔。遇难后，被郭沫若先生誉为"民主之神"。

    李公朴经常用"智者不惑，仁者无忧，勇者无惧"来激励自己，他说，惟其不惑方能无忧，进而无惧。

    他是如何不惑的呢？

    生于忧患之中的李公朴，对于民族危难、专治独裁有着锥心之痛。为了探寻救国救民的道路，备经坎坷，百折不挠，最终确立了建立一个自由、独立、民主、富强、文明的中国的追求。"人生为一大事而来"，是以能够确定寄托自己一世之愿、可以一展平生之志、值得投入所有精力的那件大事，人生就有了支点，也就没有迷惑。

    他是如何无忧的呢？

    为呼吁停止内战、团结御侮，他奔走呼号，慨然入狱；为巩固统一战线、打击日寇，他亲赴前线，献计出力；为反专制争民主，他兴办各种形式的教育、创办刊物、参与组建进步团体、组织各种活动，以开启民智，为民主呐喊。是以先天下之忧而忧，自然无忧。

他是如何无惧的呢?

因为不惑、无忧,所以即使是两度被捕、一次入狱,即使是面对日寇的枪林弹雨,即使是多次遭到特务的恐吓、监视,乃至殴打,他都无所畏惧。他说"在真理旗前倒下去,是大愿也",是以勇者无惧,道之所在,虽千万人吾往矣。

斯人已逝,然而他就像一支高擎着的火炬,指引着后来者,告诉我们:天下兴亡,匹夫有责,应自觉地把自己的人生追求同国家和民族的命运结合起来,为正义和理想而奋斗,为建立一个独立、民主、富强、文明的国家而奋斗。

艰难时世炼赤心

→ 身世与童年

★★★★★

（0—13岁）

经历了八国联军入侵、《辛丑条约》的签订之后，1902年1月8日，慈禧太后和光绪皇帝返回了阔别一年多的紫禁城，老佛爷似乎威严依旧，但丢掉了昔日的威信。在摇摇欲坠的清朝政权的勉强支撑下，这个老大帝国得以苟延残喘。

朝廷正在忙着"量中华之物力，结与国之欢心"，老百姓跟着干着急，转回身还得琢磨柴米油盐过日子，因为朝廷几乎是不管草民这些小事的。

这一年的11月26日，在江苏淮安东长街朱雀桥堍旁的一座普通宅院里，一

△ 李公朴故居

个男婴呱呱坠地。随即父母高兴地给这个孩子起名永祥，字晋祥，希望他能够"隆盛康祥"。多年以后，永祥自己改名为公朴，号朴如。

李公朴出生在淮安，但原籍则在江苏省武进县湖塘乡东村。其父李学增，生于1837年，字增培，俗名善生，初娶乡里蒋湾桥周姓女子成家，生两子一女，分别为李公朴同父异母的大哥永仁（于李公朴不满4岁时去世）、二哥永义和大姐。随着国运式微，此时的李家也已家道中落，李学增不得不外出谋生。他先在扬州税关当差，后到镇江，在常镇道道尹沈敦兰的公馆做了仆人。1882年沈敦兰告老辞官，在淮安置房产安度晚年。45岁的李学增因为"为人忠勤耿介，个性爽直"，深得沈敦兰信赖，因此随沈一同来到淮安，继续做他的仆人。在淮安生活六年之后，李学增娶当地程姓女子为继室，1885年，程氏生下李公朴的三哥永康，又七年，生下李公朴。

有父母的呵护、兄长的照顾，李公朴的童年可以说是幸福的。也正是这几年，在中国，发生了一系列影响中国历史进程的重大事件，在陈天华、章炳麟、邹容、徐锡麟、秋瑾、林觉民、黄兴等一大批革命者的推动下，旧民主主义革命风生水起，辛亥年发生的由孙中山领导的革命，最终推翻了清王朝的腐朽统治，结束了中国两千多年的封建制度。那一年，李公朴9岁。这些事件虽然他并不懂，但童年的印象对人的一生注定要起到潜移默化的作用。

李家并非书香门第，对孩子的教育并不十分重视，加上其他因素，直到李公朴10岁的时候才进了一家私塾，学习《三字经》、《百家姓》、《千家诗》之类的传统教材。此时的科举制度已经废除七年，新式学堂已不再是新生事物，而且随着资产阶级思潮的涌动和新文化运动的滥觞，童年的李公朴已经受到新思想的熏染。

→ 学徒岁月

★★★★★

（15—18岁）

在私塾学了三年的"子曰诗云"，此时李公朴的父亲已经是79岁高龄的老人，早有落叶归根之意，加上李公朴同父异母的二哥将到东海从军，于是在1915年秋天，李公朴随同父母离开淮安迁居镇江，和三哥一起生活。

那一年，国内局势愈加纷乱，总统袁世凯先是屈服日本，接受了丧权辱国的"二十一条"，随即准备称帝，遭到国内各界有识之士的强烈反对，蔡锷、唐继尧等军队将领成立了护国军准备讨袁护国，孙中山也发表了《讨袁宣言》。政治颠倒，

民生艰难,在这种情况下,李公朴告别了学堂,
经三哥介绍,到一家名为"合兴盛"的京广
洋货店做学徒。

　　按照旧时行规,凡学徒都要学三年帮三
年,就是三年满师之后还要给师傅帮三年工,
因此在学徒期间要给老板干一些诸如跑腿、
做饭、倒马桶等脏活累活。13岁的李公朴告

别了私塾，走上社会为生计奔波。繁重的工作和艰辛的生活并没有使他麻木，相反，他以豁达的胸襟，直面生活。他知道文化的重要，抓住一切空闲时间读书看报，并与许多进步的青年学生交上了朋友。当时正处于国内国际格局的剧烈动荡之际：国内军阀混战；国际上爆发了第一次世界大战，北洋政府开始声称中立，但经不住协约国的拉拢利诱，后正式对德、奥宣战；俄国十月革命取得成功；新民主主义革命思潮已经萌芽……凡此种种，令少年李公朴和他的伙伴们目不暇给，他们经常在一起讨论时事，为国家的前途而忧心忡忡。

1919 年 1 月 18 日，巴黎和会正式开幕，中国政府作为第一次世界大战的战胜国派出代表团参会，代表团代表、驻美公使顾维钧在会上慷慨陈词，提出取消中日"二十一条"、归还德国在山东各项权利等七项要求，义正词严地向列强说"不"。但帝国主义列强无视中国声音的存在，操纵和会，准备把战败国德国在山东攫取的权利全部让给日本。消息传来，举国激愤，最终引发了具有划时代意义的五四爱国运动，一时间，在北京学生的推动下，天津、上海等各地纷纷响应，迅速形成了全国性的反对帝国主义侵略、反对北洋政府卖国行径的爱国运动。

爱国运动勃然而兴,李公朴所在的镇江各界群众也不甘人后。十余所中小学校的学生上街游行。商界召开千人大会,决定对日经济绝交,号召人们全面抵制日货,劝用国货,并组织若干检查队,到各商店查抄日货。此时,不满17岁的李公朴已经学满出徒,成为合兴盛的店员。在这场全国范围内的爱国运动中,他那颗忧国忧民的心受到触动,他感觉自己应该有所作为。每当有宣传队到合兴盛附近宣传时,李公朴总是主动出来提供力所能及的服务,同时还和一些青年店员组成了"爱国团",上街演说,向民众宣传抵制日货。

当李公朴沉浸在风风火火的爱国运动中时,他偶然发现,自己的店老板趁机大批收购日货藏于家中,更有其他商贩将日货改头换面冒充国货销售,他先是困惑,转而无比气愤,他决定要揭露这种龌龊的行为,遂以"长啸"为笔名在报纸发表文章,对身边那些泯灭良心发国难财的行径加以揭露,他将合兴盛店老板的行为暗中告诉了镇江城抗日外交后援会,查抄了店中的全部日货。

李公朴用自己的实际行动维护着民族大义,这与他的唯利是图的老板格格不入,很快,他就被老板气急败坏地解雇了。

四年的学徒生涯，李公朴从一个懵懂少年成长为具有一定思想见解的热血青年。四年里，他经历了旧中国底层的生活，接触了各行各业的劳动人民，培养了他对劳动人民的深厚感情。特别是经过投身五四爱国运动后，使他更进一步地看清了帝国主义的横行霸道的嘴脸，切身感受到了北洋政府的黑暗，体验到了社会和人性的复杂，初步树立起了反帝反封建的革命人生观。

→ 投笔从戎

★★★★★

（18—25岁）

　　经过学徒和当店员的几年社会实践，李公朴感觉到，要有更大作为，必须接受系统的学习。他决定弃商求学。此时他的父亲已经去世两年，但是在一起生活的三哥和他感情笃厚，虽然家里条件依然艰苦，仍义无反顾地支持他考入了镇江润州中学，这时他已经 18 岁。

经过社会磨砺，此番重回校园，李公朴的学习尤为刻苦，各方面表现也非常出色。1923 年，他由润州中学毕业，顺利考入武昌文华大学附中。这是一所教会学校，他在这里读到一年半的时候，因为参加反对校医虐待学生的学潮，被校方开除。随即转入上海沪江大学附中继续高中学业，并于 1925 年考入沪江大学。同年 5 月，上海发生了震惊中外的五卅惨案，进而引发了上海、北京、南京、汉口、广州、天津等许多城市工人罢工、学生罢课、商人罢市，掀起了全国规模的反对英日帝国主义的斗争。作为沪江大学青年会的活跃分子，他积极参加罢课游行示威，并代表沪江大学出席上海学联会，担任工人科长，负责组织各处工人事务。期间他还回到家乡湖塘镇，向家乡群众揭露日英帝国主义制造惨案、屠杀上海工人学生的暴行，并联络工商学各界五十余名爱国人士，成立了五卅后援会，他被推举为后援会临时主席。

此时，孙中山领导的国民党确立了联俄、联共、扶助

△ 李公朴先生

工农的三大政策，第一次国共合作已经形成。由于进步力量的加入，此时的国民党显示出了强劲的上升势头，吸引一大批各界精英于麾下。李公朴也经人介绍加入了改组后的国民党。

五卅运动掀起的全国工农革命运动空前高涨，加之两广已经统一，国民政府于1926年7月9日在广州誓师北伐，目标就是结束北洋军阀的黑暗统治。

国民革命力量的迅速发展使李公朴欢欣

鼓舞，革命发展的形势使他下定决心，要投笔从戎，亲自投身到国民革命的第一线。他毅然离开刚刚上了一年的沪江大学，南下广东，顺利参加了北伐军队伍。参军后，他被分配在国民革命军东路前敌总指挥部政治部做宣传工作。在紧张残酷的战争中，他和由共产党、国民党"左"派、进步的知识分子组成的政工人员一起，围绕着"打倒列强，铲除军阀"的革命中心任务，组织慰劳队，编排演出文艺节目，散发宣传材料，和战士谈话谈心，为北伐战争不遗余力。随着北伐的节节胜利，他跟着革命军队伍很快于1927年3月又回到了上海。

在上海，李公朴完全沉浸在革命的理想当中，他经常穿着军装出现在各种群众集会场合，慷慨激昂地向大众宣传军阀必须打倒、不平等条约必须取消、各地租界必须收回。他感觉，革命的完全胜利已经触手可及了，他时时为此感到欢欣鼓舞。作为一个热血青年，他还考虑不到高层政治家们所思所想。

随着北伐的节节胜利，共产党领导的工农运动也如火如荼，面对渐渐壮大的共产党，蒋介石如坐针毡，必欲除之而后快。

经过精心策划，1927年4月12日，蒋介石悍然发动了反革命政变，大肆屠杀大批手无寸铁的共产党人。目睹了许多曾经并肩作战的共产党朋友被屠杀，李公朴满怀疑惑，然而此刻他还没有完全看穿国民党的阴谋，在正统观念的影响下，依然对国民党寄托着引领民众、复兴国运的期望。在屠杀共产党人的血雨腥风中，他试图说服自己，但是无法违背自己良心和理智的判断。在痛苦的思索挣扎当中，5月份他被任命为国民革命军东前总政治部沪宁路属党政特派员，负责苏州、无锡、常州、镇江等地的党政工作。

李公朴在常州设立了党政特派员办公处。他想远离上海那个白色恐怖的城市，让自己好好清净清净，梳理一下紊乱的思绪。但此时的常州也被国民党右翼分子所控制，在他未到之前，常州的总工会和工人纠察队早已被国民党破坏，工运领导早已被捕，一些国民党左派人士也遭到迫害。

面对国民党对共产党人和革命群众的血腥屠杀，以及对国民党左派人士的残酷迫害，李公朴从疑惑到不满，继而对一些被捕的人伸出了援助之手，力所能及地帮助那些曾经的战友和同事。

在国民党发达的特务组织的监控下，李公朴同情革命、反对国民党的清党屠杀的言行很快就被他的上司掌握，引起了上司的极度不满。6月，他被解职，奉调回沪。接着上司又指派勤务兵将一包共产党的宣传品藏到他床下，企图以通共的罪名对他实施迫害。但那名勤务兵非常正直，不忍下手，提示李公朴戳穿了这起阴谋。至此，李公朴终于从对国民党的美好憧憬中彻底清醒过来，愤然离开了国民党的军队，结束了他短暂而充满曲折的从军、从政生涯。

→ 负笈留学

★★★★★

（26—30 岁）

随革命军在上海期间，李公朴邂逅了多才多艺、出身名门的张曼筠女士。经过一段时间的接触，二人产生了深厚感情。经过深思熟虑，他特地回到武进县湖塘乡老家，妥善地解除了父亲给他包办的第一桩婚事，回到上海，与张曼筠结为连理。

家庭生活虽然美满，但人生理想被无情击碎的苦闷无法释然。李公朴决定，要继续求学，探索救国的真理。经过紧张的准备，1928 年 8 月 25 日，李公朴告别新婚妻子张曼筠，乘坐轮船赴美国雷

德大学学习。

　　经过半个多月的海上颠簸，9月10日，李公朴到达美国西海岸城市西雅图。第二天乘车到达雷德大学所在地——俄勒冈州波特兰城。雷德大学虽然范围不大，但学校声誉特别好，学校的校规非常严，教学设施完备，学风很浓，在美国规模较小的大学中，这里是最佳之一，得到了国际上特别是亚洲的一些名牌大学的认可。李公朴在雷德大学攻读政治系市政学，主要学习法文和美国的政府、社会史、社会学、市政研究等课程。

求学的生活并不轻松，雷德大学虽有奖学金，但仍不够用。为此，李公朴除读书外，平时还要在学校参加剪葡萄、擦地板、修路以及帮食堂洗碗、当服务生等劳动，他得到的报酬是每小时四毛钱。在暑假，他还曾经到阿拉斯加州的一家捕鱼场打工。

留学生活虽然在物质上较为艰苦，但李公朴却过得愉快而充实。他总是积极参加学校组织的演讲会、当地学生组织的国际时事讨论会、中国留学生讨论会等集会活动，并利用课余时间对美国社会做一些实地考察。

李公朴赴美留学前，被《生活》周刊主笔邹韬奋聘为该刊驻美特约通讯记者。他对此事非常看重，在留美的两年多时间里，他根据自己的观察和思考，先后在《生活》周刊发表通讯三十多篇，内容涉及政治、经济、美国人民的生活、社会风气等方面。这些通讯均为有感而发，透过对美国各个方面的报道，寄托着他对国家发展的思考。他在报道西方发达国家的富强时，透露着希望祖国早日富强的心愿；报道西方资本主义制度的优劣时，他希望祖国将来在建设国家时能够吸取西方教训，少走弯路。同时也就海外所见，毫不留情地揭露了国民党政府的腐败。1930 年比利时举办万国博览会（即世博会），期间他屡次听到一些参观博览会的中外友人对中国参展的陈列品表示非常不满。李公朴因开会顺便到比利时进行了参观，结果让他大失所望。他就参观所感写了《中国参加比国博览会之

△ 《生活》周刊

教训》的通讯，在这篇文章当中揭露了中国参展失败的原因：一是政府不积极提倡，政府答应拨款 5 万元，但始终没有兑现；二是政府信用丧失殆尽，以前国内外展览会商人送去的展品，多半都杳无音信、下落不明，所以这次万国博览会商人们都不肯拿好东西出来。他形容展出的两件苏州金绣龙袍极为粗劣，和戏台上跑龙套的货色差不了多少。

两年的留学生活转瞬即逝。两年里，他在美国开阔了眼界，增长了学识，增强了民主意识。同时他利用有效渠道，尽可能多地让国人了解世界，针砭时弊，为了积贫积弱的祖国实现民族独立、国富民强而苦苦求索。因为他的热诚和坦荡，在留学期间，他和《生活》周刊的主笔邹韬奋成为挚友，和同样在美留学的高士其结为莫逆之交。

1930 年夏，李公朴从雷德大学毕业。7 月 22 日从纽约坐上一条英国轮船，横跨大西洋，到了欧洲，游历考察了英国、法国，并应邀参加了在日内瓦召开的各国人民促进国际和平团体联合大会，然后经印度洋，于1930年11月3日，回到了朝思暮想的祖国。

此时的祖国，刚刚经历新军阀中原大战，共产党领导的土地革命已呈星火燎原之势，同时日本帝国主义者正磨刀霍霍觊觎东三省……

风雨欲来，国势可危。学成归来的李公朴究竟怎样才能施展自己的抱负？

救国获罪

(1930—1937)

→ 文化救国

★★★★★

　　李公朴留学归来之时，国民党在形式上已经统一了国内，实则蒋介石与地方实力派明争暗斗，狼烟四起，一些国民党大佬也联合起来公开向蒋介石叫板，甚至另立了国民党中央和国民政府与蒋介石政权对峙。

　　如果说国内时局还使人扑朔迷离的话，那么民族矛盾则因为日本帝国主义发动的九·一八事变而公开化了。但国民党政府一方面在民族矛盾面前一味退让，任凭国土沦丧，另一方面却调集重兵对工农红军连续"围剿"，这种做法引起了国内各阶层进步人士的质疑。李公朴也意识到，要实现中华民族的彻底解放，必须结束国内四分五裂的局面，团结全国各党派一致对外。然而，他的这种朦胧的想法和仍被他寄予幻想的国民政府所确定的"攘外必先安内"的基本国策是相悖的。

国事多艰，焉能袖手旁观。在此期间，李公朴积极组织活动，为东北义勇军捐款，参加了"国难会议"以及"废止内战大同盟全国代表大会"。然而，军政当局对这些来自民间的活动和呼声并不以为然，依然顽固坚持对外妥协退让、对内严酷镇压的做法。当局的做法，使李公朴除了困惑，剩下的就是悲愤。

就在他为寻找挽救国家危亡的万全之策而困惑迷茫之际，他注意到上海广大的学徒、店员、工人、职员等底层群众，许多都是文盲和半文盲，而那些在校的学生，也很容易因为上海那纸醉金迷的环境而堕落。既然军政大权被当局牢牢掌控，那么开展一些社会教育、增进普通民众的文化素养、提高他们就业和服务社会的能力总还是对这个风雨飘摇的国家有一点补益吧。他决定成立一家图书馆。

经过紧张筹谋，在《申报》总经理史量才的资助下，1932年12月1日，《申报》流通图书馆在南京路大陆商场三楼345号正式成立了，翌年1月10日正式向外借书。李公朴亲任馆长，负责全馆事务，下设总务、编审、流通、读书指导四个部。他为图书馆拟定的宗旨是"以改良业余生活，灌输常识，引导失学之成人与青年对读书发生兴趣，增进其工作之技能与服务之效率"。在这个宗旨指导下，他为图书馆制定了各种规章制度。图书馆购买书籍时严格把关，一切低级趣味的读物和不正当的图书决不购置，一切青年必读的图书必尽量地搜罗，其中包括一些被国民党当局禁止的进步书籍。考虑到工厂、商店的职员受到工作时间限制，图书馆决定，除允许个人将图书借出阅读外，还允许团体借书，乃至由图书馆给读者送书，只要读者以书信或电话告诉图书馆欲借书目、送往何地，就可以得到所需图书。针对路途太远的读者，还制订了以邮借代替送阅的办法。这个邮借办法不仅适用本埠读者，而且同样适用于外埠。为了进一步方便阅读，1933年3月11日，李公朴主持开辟了《申报》流通图书馆阅览室，受到了广大读者的热烈欢迎。

为了解决读者在读书当中遇到的各种疑问，李公朴加强了图书馆的读书指导部工作，聘请了伍康城、柳湜、艾思奇、夏征农为读书指导部的指导，另邀王云五、沈兹九、章乃

△ 李公朴与《申报》流通图书馆、补习学校全体同人合影

器、陶行知、蔡元培、陈望道、林语堂等33
人为该部特约专门委员，他们共同负责为读
者回信。读书指导部的设立，打破了图书馆
只被动供给读者读物的局面，解除了读者在
浩如烟海的书籍中无所适从的困难，纠正了
一些读者不正确的读书目的和方法。短短一
年，流通图书馆所覆盖的读者读书观念发生
了很大变化，李公朴开办图书馆的初衷得到
了初步的实现。

为把读书活动引向深入，李公朴根据实

际情况，在《申报》第七版开辟了《读书问答》专栏，公开回答读者提出的带有普遍性的、有意义的问题，或者由编辑针对读者提出的各种问题，归纳分析，分类指导。李公朴聘请柳湜、艾思奇、夏征农负责这个专栏的工作，分别担任社会科学、哲学、文学方面的问题解答。他们希望通过这块园地，使广大青年认识世界和社会发展的前途，因此不失时机地用马克思主义的立场、观点、方法和通俗语言来解释当时社会上发生的各种问题，从而引导广大青年认识客观真理，投入改变现实的斗争。

因为《读书问答》是进步的，所以很快就在社会上引起了强烈反响，特别受到广大青年的欢迎。正因为其进步，也很快引起了国民党审查官员的注意。起初还只是向编辑部提出警告，后来则变为鸡蛋里挑骨头，百般刁难，不断干扰。在这种情况下，李公朴顶着强大压力，巧妙斗争，同时争取史量才以及同伴的谅解、同情与支持。在李公朴的努力下，《读书问答》顽强地生存下来，继续发挥其应有的作用。

《申报》流通图书馆开办两个月后，李公朴发现，有许多市民因为基本学识欠缺，识字、动笔能力非常差，从而影响了阅读的兴趣，也就不能享受到图书馆提供的读书的方便。针对这种情况，李公朴经与史量才商量并同意后，于1933年3月和6月相继在上海创办了《申报》业余补习学校和《申报》妇女补习学校。学校均由史量才兼任校长，李公朴担任代理校长。学校开办后，受到了意想不到的欢迎，其中《申报》业余补习学校开办不到两年时间，增加了五所分校，加上总校，共有学员1764人。

就在李公朴主持的流通图书馆、补习学校如火如荼的时候，一直以来给予他大力支持的史量才先生却因为其进步的言行和巨大的影响力，引起了蒋介石的仇视，终于在1934年11月13日，被国民党特务暗杀。

史量才先生被暗杀后，为了抗议国民党的卑劣行径，纪念这位爱国进步人士，李公朴把《申报》流通图书馆改名为"量才流通图书馆"，补习学校也分别以"量才"命名，这无异于和国民党当局公开叫板。而此时的《申报》在国民党当局的恫吓下，已经趋于保守。根据种种迹象，李公朴觉得《申报》在史量才先生之后已经难以继续合作，于是他当机立断，成立了临时董事会，进而从政治上、经济上、组织上都和《申报》脱离了关系。虽然失去了《申报》这个强大的后盾，但李公朴的事业并未受到影响，相反，在他的苦心经营下，图书馆和补习学校均取得了迅速发展。四年内，图书馆藏书由当初的两千册增加到三万册，读者由几百人发展到两万多人；补习学校由一所增至八所，学员由当初的几百人增加到四千五六百人。

随着实践的深入，李公朴开展社会教育的意旨也在不断调整，从简单的读书识字，到指导大众追求进步和真理，许多青年在苦闷彷徨当中找到了属于自己的道路。他的图书馆和补习学校在社会上的影响越来越大，而李公朴也逐渐引起了国民党当局的注意和忌恨。

基于国民党当局对《读书问答》的刁难干扰，早在史量才未遭暗杀之前，李公朴就已经担心《申报》很可能将来顶不住当局压力而妥协，因此决定创办《读书生活》杂志，继续进行社会教育。1934 年 11 月 10 日，经过李公朴积极筹划，《读书生活》杂志半月刊创刊号正式出版，他本人为主编，柳湜、艾思奇、夏征农为编辑，仍为《申报·读书问答》专栏的原班人马。他们在创刊词中说，该刊的"主要对象是店员、学徒及一切连学校那张铁门都不能走进的人"，"我们提倡读书，但一定要读我们生活需要的书；我们提倡读书，但一定要配合我们的生活实践的读书；我们提倡读书，但一定是有正确方法的指针的读书，同时我们反对读不合我们生活需要的书，与生活隔离的书，没有方法的读书"。由于《读书生活》杂志延续并发展了《申报·读书问答》的精神，因此一创刊就受到广大读者的热烈欢迎，第一期就发行了八千份。以后尽管遭到国民党当局的压迫和封锁，但每期都能销售到一万多份，有时高达两万份。在共产党人和一些进步人士的影响帮助下，面对中华民族的严重危机，自1935年秋天起，《读书生活》开始发表抗日救国的文章，自1936年第三卷第五期开始，在杂志的封面加印了"生活斗争、民族解放、理论指导的半月刊"的字样，作为刊物的宗旨。李公朴所办的这本杂志和邹韬奋主编的《大众生活》、胡愈之创办的《妇女生活》及其他进步刊物，在号召抗日救国、

发动群众等方面做了大量工作，在上海形成
了抗日救国进步运动的文化阵地，这在当时，
必然要遭到国民党政府的迫害。1936年11月，
随着李公朴因领导救国运动而被捕入狱，《读
书生活》也被查封。《读书生活》自1934年
11月创刊到1936年11月第五卷第二期被停

刊，累计出版了50期。

认识到文化在救国方面可以起到非常显著的作用后，李公朴决定再成立一家出版社。1936年3月，李公朴在周围朋友帮助下，成立了"读书生活出版社"，自任社长，柳湜任出版部主任，编辑部主任为艾思奇，汪仑为经理兼业务部主任。他们在出版社"成立缘起"中说：

我们从中国的现实中，认明了当前文化最急迫的任务，是在唤起民众。在出版界方面，总要想法子配合这一任务。我们应出版千千万万册各种各样的读物，去供给广大的民众及到民间去做先生的人们，使他们在意识上武装起来，共赴国难。

出版社成立后，出版了《大众哲学》、《如何生活》、《苏联文学讲话》、《在人间》等一批进步书籍，不但在当时的救亡运动中产生了广泛影响，而且引起了中共方面的关注，毛泽东当时在延安曾经专门委托叶剑英购买了一批包括《大众哲学》在内的书籍供军政干部学习。

无一例外，读书生活出版社出版的书籍因为进步，所以也遭到了国民党的疯狂查禁。仅1937年2月11日和21日两天，国民党中央宣传部就以"诋毁中央国策，为苏匪张目"、"宣传阶级斗争"等罪名，查封了他们出版的《国防总动员》、《救国的基本认识》、《中国历史》、《法郎贬价问题》等十部书籍。

从流通图书馆，到补习学校，到创办《读书生活》杂志，到成立出版社，李公朴为开拓社会教育阵地，教育广大青年如何生活、如何学习，为宣传抗日救亡，指引无数青年走上革命道路，不遗余力，创造了不可磨灭的历史功绩。同时，通过开展社会教育过程当中同国民党当局的斗争，特别是蒋介石通过特务暗杀等恐怖手段铲除异己、打击进步力量的卑劣行径，使李公朴逐渐从对国民党的幻想当中清醒过来。

随着实践的不断深入和认识的不断加深，面对民族矛盾和阶级矛盾的激化，此时的李公朴虽然还在从事社会教育活动，但他已经开始把救国图存放在了自己工作的首要位置。他要为团结御侮、抗日救亡而大声疾呼，积极奔走。

→ 团结御侮

★ ★ ★ ★ ☆

（35—36 岁）

李公朴虽然从事着社会教育工作，但是在他心中，如何战胜日本帝国主义的侵略，挽救民族危亡，实现国家复兴，这才是他寝食难安的心结所在。尤其是1935年以后，日本在华北制造了一系列的挑衅事件，迫使国民党政府认可了《何梅协定》，并签订了《秦土协定》，把国民党驻军赶出了华北。日本帝国主义欲把华北变为第二个"满洲国"，进而让中华民族亡国灭种、变为他们的殖民地的侵略计划已经昭然若揭。

但此时的蒋介石，对日本方面释放的

"日中亲善、经济提携"的烟幕弹仍然心存幻想，认为这"是中日关系好转之起点"，并谄媚地表示，要"制裁一时冲动及反日行动，以示信宜"，接着与汪精卫向全国联名发布了严禁排日运动的命令，同时对宣传抗日的报纸杂志实施反革命的文化"围剿"。在此前后期间，许多革命者和进步人士被投进监牢，包括柔石、殷夫、李伟森、胡也频、冯铿五位"左联"作家在内的许多爱国者被国民党秘密杀害，大量进步书刊被查禁。1935年，著名爱国人士杜重远因为在所办《新生》杂志上发表了《闲话皇帝》一文，引起日本人不满，国民党政府在日本方面的无理要求下，手足失措，为了满足日本人的意愿，不但向日本道歉，查封了《新生》周刊，而且还判处主编杜重远有期徒刑一年零两个月。

作为进步知识分子代表之一，李公朴对此义愤填膺，他不断地发表文章，一方面揭露日本帝国主义对中国的侵略行径，一方面抨击国民党对外妥协、对内镇压的政策，呼吁全国各阶层人民团结起来，进行民族解放斗争。

国民党一方面为了加强专制统治，一方面为了迎合日本帝国主义的无理要求，相继出台了一系列新闻、出版政策，严重妨害了人民群众的抗日运动。对此，李公朴大声疾呼，要求当局改变新闻政策，解禁言论自由。他认为，只有新闻解禁了，人民知道民族危机的真相，才能牺牲小我的利益，共赴国难；只有言论自由了，人民广大的发言了，才能得到真正实践性的国策的确立，国策才能得到广大人民的拥护，才能变成举国一致的战术。然而国民党对内专制统治变本加厉，1935 年 6 月正式出台《出版法》，规定一切出版物需经地方主管官署核准后，方可出版。对于这一规定，李公朴与全国新闻界、出版界一样感到震惊，他发表文章，呼吁当局不要专制，不要妨害言论自由，应积极谋新闻杂志事业，对新闻杂志事业及从业人员予以法律的保护。他还公开批评国民党的新闻检查实在是一种畸形的制度，因其违背民意，这种制度实在没有存在的价值。

一波未平一波又起。1935 年秋天，在日本帝国主义的操纵下，亲日派汉奸王揖唐等发起所谓"华北五省自治运动"，国民党政府在日本的压力下，下令撤销北平军分会，准备成立所谓"冀察政务委员会"。华北面临着变为第二个"满洲国"的严重危机。

在此紧要关头，中国共产党发表了《为抗日救国告全体同胞书》（即"八一宣言"），主张全国各党派、各界、各军队团结起来，组成抗日民族统一战线，停止内战，以便集中一切国力（人力、物力、财力、武力等），去为抗日救国的神圣事业而奋斗。

中共的主张得到李公朴的赞赏和拥护，他撰写了《行动中才能有团结》、《救亡图存的基础》、《新的进攻的特点》、《新的进攻的总的认识》、《人民的公意》等多篇文章，透彻地分析当前形势，呼吁携手共同抗日救国。

除了发表文章宣传抗日、呼吁团结外，李公朴还身体力行，积极投身于抗日救亡运动。

1935年12月9日，北平爆发了轰轰烈烈的学生抗日救亡运动。12日，他和沈钧儒、马相伯、章乃器、邹韬奋、陶行知等二百八十余名文化界人士联名发表了《上海文化界救国运动宣言》，表明了文化界抗日救亡的使命、形势，提出了八项主张，要求当局出兵抗日。与此同时，李公朴撰写文章，称赞北平学生的行动是光荣的，鼓励他们再接再厉，继续为开展抗日救亡运动而斗争。同时他向政府当局提出，不得抑制爱国运动，绝对保障集会、结社、言论、身体等自由。在国民党当局的操控下，当时天津《大公报》

相继发表社论和短论，散布一·二九学生爱国运动是"学潮"，"应当收束"。他看到后非常气愤，奋笔疾书，在《读书生活》上发表了《是"学潮"吗? 呸! 》，对《大公报》的歪曲言论给予了针锋相对的反驳。

面对国内危局，1935年12月27日，上海文化界救国会召开成立大会，李公朴等27人被选为执行委员。1936年5月31日至6月1日，全国二十余省市六十多个救亡团体及十九路军代表共七十余人齐集上海，举行全国各界救国联合会成立大会。大会通过《全国各界救国联合会成立大会宣言》、《抗日救国初步政治纲领》、《全国各界救国联合会章程》等文件，并推选出救国会领导机构，李公朴因赴杭州参加史量才葬礼未能到会，但他热烈的爱国精神和出色的组织才能，得到大家高度认可，被选为全国各界救国联合会执行委员和常务委员，继文化界救国会后，又成为全国各界救国联合会的领袖人物之一。

有了组织为依托，李公朴迅速显示出他

卓越的组织才干和炽热的爱国激情，他会同各界进步人士蓬勃开展了"上海淞沪抗战四周年纪念大会"、"五九"国耻大会、"五卅"惨案十一周年纪念大会等爱国活动，大声呼吁停止内战、团结御侮、民主自由。随着他们影响的不断扩大，国民党当局如芒在背，必欲除之而后快。

国民党对付李公朴等人的手段之一就是恫吓镇压。当上海文化界救国会成立后，国民党中央执行委员会民众训练部便策划阴谋取缔，派该部特种社团科科长胡星伯秘密赶到上海，与国民党上海市党部密谋，制定了七项取缔文化界救国会的办法。上海各界救国联合会成立后，更加引起国民党当局的严重不安。2月11日，国民党中央宣传部发表所谓的《告国人书》，污蔑救国会反对中央，颠覆政府，是赤色帝国主义的爪牙与工具，声称若不听劝告，将予以最后的严厉之制裁。20日，国民党政府颁发《维持治安紧急办法》，规定军警有权镇压抗日群众，逮捕爱国分子，取缔救亡团体和书刊。接着，在全国很有影响的救亡刊物《大众生活》被勒令停刊，主编邹韬奋被迫流亡香港。国民党的恫吓镇压，并没有吓倒李公朴和救国会的其他领导人。上海文化界救国会针对国民党中宣部的污蔑，随即发表了《对中宣部告国人书之辩证》。李公朴也在《读书生活》

上发表了《我们的态度》，庄严表示救亡的决心，为了中国民族解放，准备受敌人无情的毒弹，同时也不畏惧汉奸的暗算谋害。

　　眼见恫吓镇压无效，他们又使出"鸿门宴"。当时的上海市长吴铁城得到上峰指示，要取缔全国各界救国联合会。由于救国会各位领导人都是社会著名人士，吴铁城不敢动粗，决定设鸿门宴。他先是邀请沈钧儒、章乃器、李公朴一起到市政府吃饭，谎称联络情谊。饭后，吴铁城终于露出真实意图，面对各位爱国人士诬指救国会为非法组织，要求解散救国会，并将救国会的宣言、纲领等文件及宣传品上交市政以备销毁，并以如不答应上述要求就要拘留为威胁。对此，李公朴等当场予以言辞驳斥，据理力争，表示应当依法由法院出拘票来拘捕，市长邀请我们来吃饭，就把我们扣起来，这绝不是市长应该做的，传出去将为天下所不齿。吴铁城自觉理亏，改口要他们保证做到解散全国各界救国联合会，但再次遭到拒绝。他们只保证自己一不躲藏，二不逃跑，遂起身告辞。

眼见打压无效，不久，蒋介石亲自出面，邀请沈钧儒、章乃器和李公朴三人到南京面谈，欲行收买。在南京，三人受到国民党方面的热情接待，但他们心怀公理，不为所动。与蒋介石面谈时，蒋介石企图使全国救国联合会成为国民党的一个御用工具，提出要救国会接受国民党的领导。三人当即表示，只要国民党停止内战，发动民众，坚决抗日，那样即便没有领导也是领导了。他们说救国会是代表全国人民意志的，要求停止内战，一致抗日，哪个政党这样做了就与谁团结。三人观点鲜明，立场坚定，蒋介石亲自出马也未能达到收买之目的，双方不欢而散。

国民党当局企图摧残救国运动，对李公朴等救国会领袖不断地利诱、威胁，软硬兼施，又打又拉，但他们丝毫不为所动，赢得了救国会同仁的拥护和支持，救国会的影响越来越大。

10月19日，伟大的文化战士鲁迅在上海逝世，李公朴闻讯当即前往吊唁。随后，他和《读书生活》出版社全体同人，录下鲁迅生前讲过的一段话作为挽联："用笔和舌，将沦为异族的奴隶之苦告诉大家，自然是不错的。但要十分小心，不可使大家得着这样的结论：那么，到底还不如

△ 救国会和上海各界人士为鲁迅送葬

我们似的做自己人的奴隶好。"救国会承担了鲁迅丧事办理的具体工作。他们决定，要把鲁迅的丧事办成一个向帝国主义和反动派示威的群众运动，一次反日大游行。经过缜密谋划，22 日，救国会及上海其他进步团体为鲁迅送葬，从万国殡仪馆到万国公墓，送葬队伍声势浩大。李公朴穿着一身白色西服，臂戴黑纱，与宋庆龄、蔡元培、沈钧儒、章乃器等人始终走在队伍的最前列，坚定地带领队伍前行。送葬仪式的最后，李公朴和沈钧儒、章乃器、王造时四人共同将一幅写着"民族魂"三个大字的旗帜覆在鲁迅的灵柩上。

11月12日,李公朴又领导和参加了救国会举行的孙中山诞辰纪念大会。李公朴通过自己机智的安排调度,巧妙地冲破了国民党当局对这次活动的禁止,使活动如期举行。李公朴在会上作了慷慨激昂的演讲,一方面高度赞扬了中山先生的革命精神,另一方面则要求国民党政府停止与日本的屈辱外交和谈,团结全国力量,共同抗日。

时穷节乃现。

自九·一八事变以后,面对日本帝国主义对我国的步步蚕食,李公朴以鲜明的立场和坚定的态度,批评国民党的对外妥协、对内镇压政策,主张停止内战,团结御侮。他不仅发表文章宣传抗日救国,还积极投身于救国运动,成为救亡运动中的一员骁将。

→ 冤狱斗争

★★★★★

（36—37岁）

　　随着日本帝国主义对中国的步步紧逼，国内各界人士和广大民众的抵抗运动此起彼伏，1936年8月9日，上海各界救国联合会举行上海民众缉私抵货大会，会后举行了声势浩大的示威游行。11月上旬，上海日商纱厂工人数万人因不堪日本资本家的剥削压榨，举行反日大罢工，提出增加工资、保护工人权益、反对日本兵进厂压迫工人等12项条件。此举得到了救国会的积极支持，并成立了罢工后援会，还为广大工人开展了募捐活动。

　　救国会的行动触到了日本人和国民

△ 七君子合影，右二为李公朴。

党的痛处，国民党当局在日本人的要求胁迫下，对爱国群众和进步民主人士百般迫害，炮制了震惊中外的"七君子事件"。

1936年11月23日凌晨2点半，国民党特务在李公朴的家中将其逮捕，和他同时被捕的还有沈钧儒、章乃器、邹韬奋、王造时、沙千里、史良六人。同日，江苏高等法院第二分院和高三分院以"鼓动工潮"、"危害民国"等罪名，分别对七君子进行庭审。法庭之上，七君子据理力争，使得原告方上海市公安局理屈词穷，不能自圆其说，法院不得不当庭作出取保释放的裁定，使国民党迫害李公朴等七人的阴谋暂时未能得逞。

然而，就在七人保释后的几个小时，在国民党当局的阴谋策划下，高二分院和高三分院又分别发出拘票，再次对七人实施逮捕。沈钧儒、王造时、沙千里、邹韬奋于当夜再次被捕，章乃器本已在宋庆龄安排下住进法国人开的广慈医院避难，但他得知沈钧儒等人被再次羁押时，于当夜到高三分院出庭；24日下午，因外出探访朋友而躲过逮捕的李公朴，在高二分院即将开庭审理沈钧儒、王造时的前一刻钟，毅然来到法院出庭，进而粉碎了上海市公安局污蔑救国会领袖有"逃亡之虞"的谎言。开庭后，法院在没有充足证据的情况下，分别把六人引渡到公安局。按照国民党的法律，被逮捕者最迟在24小时内应移送审判机关审问，但六人被押到公安局后一直没有进行审理。12月4日，六人又被移送到苏州江苏高等法院。苏州江苏高等法院连夜对李公朴等六人进行审讯，内容与在上海市公安局时大同小异，就是污蔑救国会有"反对政府"、"推翻政府"的企图，"有袒护共产党嫌疑"，"鼓动工潮"、"提倡人民阵线"等等。李公朴等人各自进行了答辩。

欲加之罪，何患无辞？答辩没有意义。审问后，六人便被送到吴县横街江苏高等法院的看守分所。不久，史良慨然到苏州投案，被羁押于司前街女看守所，与李公朴等六人羁押处相距约两千米。七君子因爱国行动而蒙冤入狱，举世震惊。

入狱后，李公朴等七君子始终坚持救国无罪的正义立场，同当局进行了坚决斗争。他们考虑到冤狱不会很快结束，成立了狱中临时组织，由沈钧儒任"家长"，章乃器、王造时、沙千里和邹韬奋分别做会计、文书、卫生、监察等职，李公朴由于擅长处理事务，被推任为事务部主任。六人在狱中的工作、生活、学习有条不紊。为了有一致的主张和行动，他们共同决议了三项基本原则：即关于救国会团体的事，应由团体解决；关于六个人共同的事情，应由六个人共同决议解决；关于各个人的事，应由每个人自己负责。在羁押期间，要风雨同舟，患难与共，有罪大家有罪，无罪大家无罪；羁押大家羁押，释放大家释放。倘若国民党当局再有压迫他们做脱离救国会的表示，或将他们六人分别处置时，他们就一致以绝食来抵抗。

12月12日，张学良、杨虎城两将军在西安发动兵谏，扣留蒋介石，西安事变爆发。因救国会此前曾致电张学良，希望他要求蒋介石抗日，且七君子入狱后，张学良曾亲往洛阳面见蒋介石求情,特别是西安事变中,张、杨所提抗日救国主张与救国会主张基本相同,因此引起国民党当局的迁怒,他们诬陷七君子所领导的救国会"勾结军人,谋为轨外行动",煽动西安事变,意图把七君子的罪名无限做大。在国民党召开的应对西安事变的紧急会议上,陈果夫、陈立夫主张枪毙李公朴等人,以警告张、杨,后为冯玉祥所阻,七君子躲过一劫。

经过一再超期羁押,1937年4月3日晚,江苏高等法院终于发出了起诉书。他们秉承国民党政府意旨,对李公朴等罗织了"十大罪状",认定他们所犯法条为"共同以危害民国为目的而组织团体,并宣传与三民主义不相容之主义",提起公诉。

此时,西安事变已经和平解决,蒋介石国民党同意停止内战,联共抗日,释放爱国领袖及一切政治犯。李公朴等七君子理应无条件释放,国民党当局却耿耿于怀,蓄意歪曲,仍然把他们的救国行动当做"危害民国"

来判罪。

七君子是否有罪早已不是他们七个人的事情，而是关乎整个救国运动。他们聘请了强大的律师阵容进行辩护，并起草答辩书，针对起诉书中种种诬陷不实之词——予以驳斥，强烈要求依法判决七人无罪。答辩状于6月7日刊登在上海各大报，产生了广泛而强烈的影响。

与此同时，李公朴等人面对国民党的诱降迫降伎俩不为所动。国民党浙江省党部头面人物罗霞天、上海法学院院长褚辅成、上海滩大亨杜月笙等人在当局授意下先后到狱中游说七人，疑惑他们只要放弃原有立场即可得到高官厚禄。但七人均表示宁可不出狱，也决不能丧失立场和有损人格。

国民党当局见七君子软硬不吃，终于在1937年6月11日和25日，先后两次开庭审讯七君子，但在七君子的据理力争之下，法院始终拿不到他们犯罪的真凭实据，审讯均无果而终。经过两次没有结果的庭审，后来法院再未开庭。

自从李公朴等七人入狱后，激起了全国人民的极大愤慨，宋庆龄、于右任、张学良、冯玉祥、孙科、李烈钧、蔡元培、李宗仁、白崇禧、何香凝等国民党内上层人士以及中国共产党、全欧华侨抗日救国联合会、巴黎中国学生会、

▷ 李公朴在狱中读书

旅法华工总会等各党派、团体，纷纷发表宣言、函电和评论，采取各种实际行动，掀起了一浪高过一浪的营救运动，这给国民党当局以强大的政治压力，使他们不敢对七君子贸然判刑，同时也使身陷囹圄的李公朴等人深受感动，给他们以莫大鼓舞。

1937年7月7日，七七事变爆发，国内政治局势发生了很大变化，蒋介石和南京政府主张坚决抗战，反对妥协退让，全国团结一致共同抗日的局面正式形成。由此更加证明了李公朴等人倡导的抗日救国运动不仅无罪，而且有功。在蒋介石的授意下，7月30日，江苏高等法院拟具裁定书，以"沈钧儒等各被告危害民国一案，羁押时逾半载，精神痛苦，家属失其赡养"为词，裁定停止羁押，交保释放。

7月31日下午，李公朴等七君子胜利出狱。

当他们走出看守所大门时，军乐齐鸣，爆竹喧天，他们受到了闻讯而来的各界群众的热烈欢迎，欢呼声和抗日救国的口号声响彻云霄。

8月1日，李公朴等七君子回到上海，立即投入到反对日本侵略的抗日战争之中。

抗日烽烟中的行走

(1937—1944)

→ 抗战教育

李公朴等七君子出狱后，立即被国民党当局以"贡献一些关于救国运动的意见"为由邀请到南京。8月3日，七人到达南京，和杜重远一起看望了97岁高龄的爱国老人马相伯，大家一致对抗战充满必胜信心。马相伯欣然题写了一副对联赠送给李公朴："耻莫大于亡国，战虽死而犹生。"次日，蒋介石单独会见了沈钧儒，之后由陈立夫、邵力子等代表国民党当局与七君子谈判，提出要他们解散救国会，这早在七人意料之中。经过三天的谈判斗争,这次会见无果而散。8月7日晚,

抗战三日刊

本刊已呈请内政部及中宣会审登记

编辑人 韬奋

发行所 上海邮箱一五〇八 抗战三日刊社

经售处 生活书店

外埠 分店 汉口 交通路中 广州 西安 成都 重庆 长沙

每逢三、六、九日发行 水期三张・零售四分

第三十一号要目

廿六年十二月廿六日出版

蔡浙皖三面夹攻 我军奋战 光华教们实政府 与同样 英勇牺牲 一力求真要团结的牺牲的鼓吹 旧新职业(二) 另利新战区(二) 国际依拉华商形势图

金仲华 邹韬奋 钱俊瑞 张仲实 刘实吸 杜重远 金端芬

△ 抗战时期生活书店的出版物

李公朴和沈钧儒、章乃器三人先行返回上海。他们回到上海不到一周，八·一三淞沪抗战爆发。

随着抗日战争的全面打响，李公朴深切认识到，抗日战争要想最终胜利，必须唤起民众，教育民众，动员全民族的力量，团结抗战。为此他生出一个念头，就是要亲自到前线去，考察一下抗战的实践，以及军民之间在行动上是否能够配合。

于是，他和柳湜等人，不顾个人安危，冒着抗日战场的硝烟，对东西两战场进行了为期两个月的详细考察，并根据所见所感，先后发表了一系列关于抗战的著作和言论。后来李公朴把这些文章集结成册，作为上海

053
抗日烽烟中的行走

生活书店出版的救亡文丛之一，连续再版，受到了社会的欢迎和注意，对抗战工作产生了一定影响。通过战地考察，他进一步确认，实施抗战教育是动员民众的基本条件。一旦他认定的道理，他就会义无反顾地投入到这一工作中。

11月9日，蒋介石在南京接见了李公朴，李公朴在回答蒋介石对七君子中其他六人的近况的询问后，向蒋介石介绍了他赴山西和华北各地的考察情况，并提出"战区教育工作及招兵区种种教育工作"。蒋介石对此均表示应当急办，并让李公朴和陈立夫接洽。

国民党当局在抗日的正面战场节节败退，随着国民政府撤离南京，政治文化中心转移到汉阳。11月22日，李公朴到达武汉，12月11日，由他任编辑和发行人的《全民周刊》在汉口正式出版。《全民周刊》共出30期，对动员人民参加抗日救国运动，推动全民族全面抗战起到了积极作用。翌年7月，该刊和邹韬奋主编的《抗日》三日刊合并，改名为《全民抗战》，继续为推进全民动员、坚持抗战到底而努力。

但李公朴萦怀难忘的始终还是那种面对面的更为直接的抗战教育。恰在此时，撤退到临汾的阎锡山成立了统一战线性质的"山西民族革命大学"（以下简称"民大"），阎锡山自任校长，并派人赴武汉邀请李公朴任副校长，全面主持学校教务。

因为对抗日工作有益，李公朴欣然接受阎锡山的邀请。但阎锡山并没有兑现他的承诺，他不敢真正重用进步人士，只是借助名人声誉来办学，仅请李公朴担任"民大"的教授和顾问。但李公朴立足于开展抗战教育，培训抗日干部，并没有在意阎锡山的食言，积极地投入到"民大"的创办工作中。1月17日，由李公朴草拟，经中共党员"民大"教务主任杜任之修改的《民族革命大学创立纲领》正式公布。在他们的努力下，1月20日，"民大"在临汾正式成立。在"民大"办学纲领的号召下，全国各地进步青年男女、归国华侨青年和教职员工蜂拥而至，不到两个月时间，学生已达五千余人。除"民大"本校外，又另设了三处分校，第一分校设在临汾，另外两处分校设在运城。李公朴在"民大"主要教授政治课，他奔波在临汾和运城之间，始终把讲课内容立足于抗战的需要，着力培养优秀的民族革命战斗员，因此他在教授当中享有很高威望，并深受学生的拥护和爱戴。

随着对抗战教育实践的深入，李公朴逐渐形成了一整套抗战教育理论主张，对抗战教育进行了详尽的诠释。在"民大"任教期间，他应西安师范学校、西安高中及安吴堡西北青年救国联合会战时青年训练班的邀请，先后为他们做了《抗战教育的理论与实践》、《我们在抗战中怎样教育自己》等演讲。特别是在安吴堡青训班，他和主持人冯文彬、胡乔木畅谈抗战教育问题，并参观了青训班，对他的创办过程、组织形势、课程种类、教育方法、管理方法等方面作了详细了解。4月，李公朴回到武汉，将这些讲演、了解的情况以及他在"民大"教学的实践进行加工整理，撰写成《抗战教育的理论与实践》，系统地阐述了他关于战时教育的方针、教育内容、战时教育与平时教育的关系以及怎样实施战时教育等见解，5月，该书由《读书生活》出版社出版。

李公朴的理论虽然未必尽善尽美，但他的关于抗战教育的理论和实践，在民族危亡的关键时刻，对于弘扬民族精神、唤醒民族意识、激励民族情绪，起到了不可低估的作用。

→ 在延安

★★★★★

（38—39岁）

抗战爆发后，延安无疑成为代表民主、进步的革命圣地，成千上万的热血青年和进步人士冲破阻碍前来参加革命。

那里到底是一个什么样的地方？那个党究竟是一个什么样的党？李公朴决定要亲自去考察一下。1938年10月，他偕夫人及姨侄张则孙从重庆出发，目的地——延安。

李公朴等三人经过西安，乘坐八路军办事处的卡车，于11月24日抵达延安。28日晚，毛泽东在延安交际科招待所窑洞会见了李公朴等人。毛泽东对李公朴等

人的到来表示热烈欢迎，并向李公朴了解国民党统治区人民的生活方面的工作问题。李公朴作了详细回答，并向毛泽东汇报了他来延安途中的见闻，还就他感兴趣的抗日军政大学、陕北公学、鲁迅艺术学院各校的教育方针、教学方法、教材、校风以及华北游击

区的军事、政权、教育等问题向毛泽东认真请教。毛泽东向李公朴作了详细介绍。他们一直交流到深夜，在毛泽东就要回去休息的时候，李公朴拿出了一本画册请他题字。这本叫做《丁丑书画集》的画册又叫《长城集》，集子首页是李公朴的夫人张曼筠 1937 年春天画的一幅长城图，当时在监狱中的沈钧儒、章乃器、沙千里、王造时、邹韬奋都为这幅画题了词。后来还有郭沫若、王昆仑、柳亚子、马相伯、黄炎培等名人题字。毛泽东欣然提笔，在上面题了他自己的一首旧作《清平乐·六盘山》。

李公朴是实事求是的。他认为要真正了解延安，仅仅通过欢迎会、晚会、街头墙报、标语是不够的，那种只住上三天五天，走马观花地看一下，抓住一些个别的、零碎的现象，就认定了延安的全部，这种只看片段，不看全面，或是拿一面来代替全面的观察法是完全不对的。以这种看法来说好，也只是皮毛，说坏也不会公道。基于这种想法，他决定要深入了解延安，因此他不顾严寒，每天奔波于延安各地，认真考察了一个月之久。

他认真参观了延安的民众组织，包括男女自卫军、少先队、农救会、商救会、妇救会、青救会、文协会等组织。他亲自经历了从延安到安塞途中被农民自卫军盘查路条；

看到农民自卫军自带粮食、自带工具，为扩大修筑飞机场，心甘情愿地出公役；目睹了少先队、儿童团帮助抗日家属挑水、拾粪、拔草、耕田；观看了由群众组成的民众剧团自编自演的《防空活动》，生动表现了日军残酷的轰炸情形和防空应有的常识。通过耳闻目睹，他深切地感受到，这些组织，在工作上表现得非常的活跃，并且都能合乎实际的

△ 1939年6月，李公朴率抗战建国教学团一行十人，即将离开延安前与续范亭等人留影。前排左二为延安交际处处长金城，右二续范亭，其左则为李公朴。

需要，能解决实际的问题，而不是一个空架子。

在延安，他调查了边区的地方政治，了解到边区的村长、乡长、县长都是民众根据民主原则，采取真正的民主方式产生的。县长的文化程度虽然普遍不高，但都能看文件、写报告，而且对于工作负责认真，能和群众打成一片，能够解决民众的实际问题。李公朴认为，这样的县长是抗战过程中真正需要的，这样的县长才配称一个"新民之官"。

李公朴还考察了边区的经济建设、司法管理，特别是重点考察了延安的文化教育。他认为，延安的司法、行政、教育、民运等方面的实施方法，可供全国学习的地方很多。他说："为着增强抗战力量，为着奠定新中国的基础，我们应当注意这一个实验区的工作，我们应当设法取其优点，推扩到其他地方去。"

同时他也发现了延安存在的一些缺点。例如，由于缺乏专门人才，在行政管理和行政技术上表现得不够；集体工作做得很好，个别工作就稍差，有时候临时工作还妨碍了经常的工作等等。后来他在宜川整理了自己的意见，并向中共做了坦诚沟通。

作为一名社会活动家，在延安期间，李公朴还会见了艾思奇、柯仲平、高士其、张光年等许多老朋友，同时也与冼星海、罗瑞卿等一批新朋友结下了深厚的友谊。

在延安，经过一个月紧张的考察和社会活动，使李公朴对这个革命圣地产生了深刻的印象。他在《革命的摇篮——延安》一文中写道："延安是一个实验区，是一个革命的实验区。有人说它是革命的圣地，的确，从四面八方来到延安的青年男女，真像朝圣一样，顶礼膜拜，但是象征着一种人类的希望，人民的愿望，是谁也阻止不了的。但作为我来说，与其说它是革命圣地，还不如说它是革命的摇篮。因为许多中华民族的优秀子孙，都在这里得到孕育、成长，然后又到四面八方去发展壮大。它在历史上的巨大影响，是至为深远的。"

李公朴的延安之行，是他思想发生深刻变化的重要转折点，如他的夫人张曼筠所说："公朴的心和共产党又近了一些。"

➜ 驰骋华北

★★★★★

（39—40 岁）

'

1939 年元旦刚过。雪后初霁，李公朴挥手作别留在鲁艺学习的夫人张曼筠，带领秘书——中共党员方仲伯等人离开延安。此行他先后在晋西南、晋西北、晋察冀边区、晋冀鲁豫根据地进行了历时将近两年的考察。

之所以要这样做，李公朴主要从两个方面考虑：一方面，山西是整个华北的堡垒，西北的屏障，南北沟通的支撑点，在整个抗战中的战略地位极为重要；另一方面，由于阎锡山出于自身目的采取的积极合作态度，在牺盟会、战地总动员委员会、新军等进步势力的努力下，打开了山西抗日的新局面。

1939年1月中旬到3月中旬，李公朴等人主要在饱经日寇蹂躏的吉县考察，凭吊了抗日烈士温健公墓地，参加了井圪塔村因英勇抵抗日寇欺辱而惨遭杀害的28位农民的追悼会，并撰写碑文。3月下旬起，他们一行跋涉于临汾、汾城、襄陵、乡宁等县，4月初又回到吉县。这段时间，他始终同四个县的牺盟会、决死队、游击队以及区村级的抗日救国团体一起生活、战斗、工作，并出席了军政民运各类演讲会、谈话会、讨论会，还先后为一些报刊题写报头，写文章，为军队和学校写队歌、校歌。因为他始终站在抗日、维护统一战线和倡导民主的进步立场，所以他每到一处的演讲都反响强烈，他本人也受到了地方军民的热烈欢迎，同时他对这些地方的抗日武装斗争、民众组织、统一战线有了深刻的认识。

1939年4月24日，李公朴经宜川又回到了延安，他根据考察实际以及长时间酝酿，在中共中央的大力支持下，经与组织部长胡耀邦具体商定，从抗日军政大学、鲁艺和陕北公学抽调了九名干部，组成了由他自己亲自任团长的抗战建国教学团。他根据实际情况，为教学团制定了组织章程、生活公约、工作规约、学习规约、学员学习计划、采访及材料搜集工作计划纲要等规则。这是他自抗战以来，主张把抗战教育和发动群众结合起来，把战时宣传和教育结合起来，以最少的人力物力传播更多的抗战教育种子，发动抗战力量，支持抗战思想的继续和发展，而教学团则是实现他这种主张的一个有效办法。

1939 年 6 月 15 日，在著名爱国将领续范亭的邀请下，李公朴率领抗战建国教学团再次告别延安，向晋西北进发。

他们首先到达晋西北的兴县，在那里，他们工作了两个多月。在兴县的两个多月里，李公朴带领教学团积极参与了七七抗战纪念活动，开办了"兴县各界抗战艺术研究班"，应"山西民族革命青年军官教导团"教育长刘墉之的请求，为青军团单独举办了一期研究艺术班，并帮助他们训练了一队政治工作人员，他还亲自为青军团讲演"抗战建国过程中应有的政治认识"，这一系列活动，受到了当地军民的热烈欢迎。

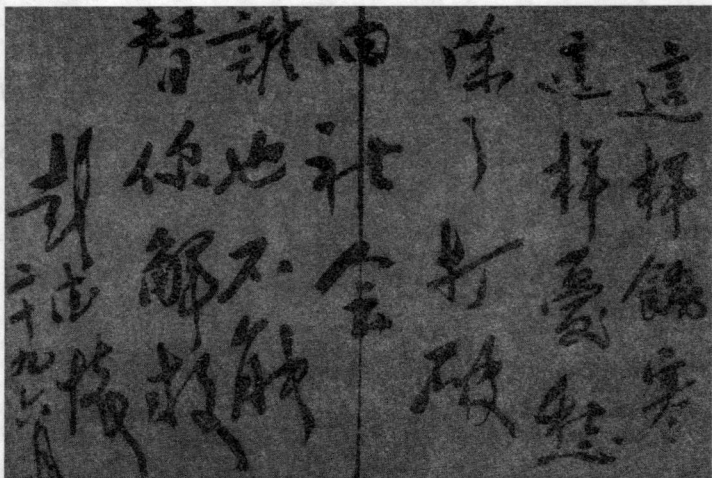

　　李公朴在逐步实现着自己抗战教育的主张，在那些日子里，他开始呼吸着抗日民主的战斗气息。

　　工作是紧张的，告别兴县，李公朴率团在岢岚县又工作了两个月，紧接着于1939年10月28日在八路军护送下穿越日军重兵把守的同蒲线到达晋察冀中心——五台山根据地，在这里他率团工作达六个月，并深入走访了十五个县五百多个村子。1940年5月4日，李公朴和抗战建国教学团结束了在晋察冀边区的工作，马不停蹄地辗转来到晋冀鲁豫边区。晋冀鲁豫边区是中国共产党在华北创建的最大的一块抗日根据地，它包括太行、太岳、冀南、冀鲁豫四块根据地，八路军前方总部和中共中央北方局都设在这里，是华北敌后抗日根据地的心脏。李公朴一行首先抵达八路军总部所在地——山西省武乡县，受到了八路军副总司令彭德怀、参谋长左权的热烈欢迎。和在华北其他根据地一样，李公朴带领抗战建国教学团深入晋冀鲁豫各根据地，详细考察军事、政治、经济、民运以及文化教育工作。6月3日，他专门访问了八路军副总司令彭德怀，二人讨论了国内国际形势。彭德怀还为李公朴题字："这样饥寒，这样忧愁，除了打破旧社会，谁也不能替你解救。"8月中旬，华北八路军为了打破日军进攻西安、重庆、昆明的计划，扫除笼罩在国民党统治区妥协投降的空气，在敌后发动了一场规模空前的"百团大战"，9月初，完成战役第一阶段作战任务。捷报传来，李公朴为之欣喜，致电祝贺："纵观历日辉煌战绩，我军伟壮阵容实为空前壮举。借此国际形势错综，日寇疯狂轰炸行都之时，不仅一举国人观听，更予全国军民无限兴奋与信心，西北赖以屏藩，抗战更划一新页。"

在晋冀鲁豫根据地，李公朴和抗战建国教学团的生活充满了战斗气息，正如他在一首诗中所描绘的那样：

一阵阵纺纱声,

伴着风雨呼啸,

窑洞中烛光摇摇,

有人看《纲鉴》,

有人读《战报》,

抗战三年人更少。

不羡那黄浦江边,

不羡那峨眉山麓,

不羡那牯岭莲谷,

我却愿消夏在太行山巅,

伟大的时代呀,

充满着战斗的豪情。

人生是战斗,

没有战斗,

就没有人生,

风雨过后万里晴空,

一片碧绿的海洋,

处处都是英雄的战场。

敌后工作的环境是非常残酷的，更兼国民党当局对进步力量一贯的打压排挤，李公朴的境况并不乐观。因为他在这一时期与延安频繁接触，因而引起了国民党的强烈不满。在他率团向晋察冀边区行进的同时，蒋介石即密电第一战区河北游击总司令鹿钟麟："据报李公朴到延安后，住马列学院，与中共中央商计组织抗战建国教学团，现已就绪，于东日（1日）率男女团员四十余人赴米脂，转赴晋冀鲁豫皖各省工作，拟在各地成立分团，开展赤化工作等情。特电，希严予查禁。"后来，当李公朴率团通过正太路封锁线前往晋冀鲁豫根据地时，蒋介石又密电在正太路沿线的国民党朱怀冰部，如捉到李公朴等人，立即就地枪决。一次在晋冀鲁豫根据地，他们被日伪军包围，幸亏八路军一二〇师师长贺龙、政委关向应得知消息，派遣部队打退敌人，才得以脱险。

环境虽然险恶，但成果是丰硕的。当李

公朴结束在华北的考察后，根据搜集到的大量第一手资料，撰写了《走上胜利之路的山西》、《华北敌后——晋察冀》等书籍和大量文章、诗歌，热情讴歌了当时山西的军事、政治、经济、文化、教育、民运等方面的进步，同时也严厉批评了国民党统治区日益抬头的破坏团结抗战、蓄意搞摩擦的汉奸行为，真实揭露了日寇在华北无恶不作的暴行，在抗日军民当中产生了广泛影响。

李公朴在《一年回忆录》中说："去我的一生经历中，虽说为了工作与学习，也曾奔走过全世界，但像去年这一年情形的，可说还是第一年。这一年是步行走路最多的一年，是工作最艰苦最无把握的一年，而同时也是学习得最多，感到最愉快的一年。"

1940 年 11 月，李公朴圆满完成了在华北敌后抗日根据地的工作。

→ 大后方

★★★★★

（40—44 岁）

1940 年底，李公朴回到重庆。

1941 年 1 月，国民党一手制造了震惊中外的皖南事变，在疯狂反共的同时，也加大了对进步文化知名人士的迫害，以国共两党合作为基础的抗日民族统一战线更是危机四伏。

当此之际，一些中间党派负责人为了调节国共冲突，争取时局好转和政治民主，同时谋求自身党派的生存与发展，决定成立中国民主政团同盟。在周恩来、董必武等人的协助和促进下，同盟于 3 月 19 日在重庆成立。沈钧儒、李公朴等人领导的救国会虽然是同盟的倡议人，但有些发起人认为救国会与中共关系密切，担心国民党找麻烦，因此他们被民主政团同盟排除在外。李公朴原本是由沈钧儒从华北敌后电召返回重庆商谈成立民主政团同盟事宜的，但此时已与初衷违背甚远。但沈、李等人仍以大局为重，发表声明，表示支持中国民主政团同盟的主张，在行动上和它配合一致。这种尴尬的局面一直延续将近一年，直到1942年初，在中共等方面的斡旋和沈钧儒、李公朴等人的努力争取之下，救国会才加入到了中国民主政团同盟。

4月13日，苏联与日本签订《苏日中立条约》。条约内容以伪满洲国和外蒙为筹码，损害了中国人民抗日民族解放事业，伤害了中国人民的民族自尊心，激起了国内民众的愤慨。

接踵而至的这些事情，特别是国民党发动的第二次反共高潮，对刚刚回到重庆的李公朴思想触动很大，使他原先对国民党抗战建国所抱有的期望产生了怀疑。

面对民主进步人士的不满，国民党一意孤行，加紧了白色恐怖统治。为防备国民党的突然袭击，在周恩来的亲自主持下，对国统区内一批革命人士和民主人士进行了疏散和转移。周恩来建议李公朴经云南到缅甸去做抗战宣传工作，并指派共产党员方仲伯做他的秘书。李公朴愉快地接受了周恩来的建议，马上起程前往缅甸。他们首先到达了昆明，在昆明等待入缅签证的时候，不失时机地与龙云、李根源、褚辅成、孙起孟等各界人士交往，加深了感情。由于国民党害怕李公朴到国外做不利于国民党的宣传，因此拒绝给他办理出境签证，因此他决定索性留在昆明。

在昆明，李公朴积极开展各种社会活动。他参加了由孙起孟发起的聚餐会，与楚图南、张天放、冯素陶等人定期聚会，互相交换对国内国际政治局势的看法，探讨爱国民主运动开展问题。他还与昆明青年会密切交往，深入到石屏县等基层，到云南大学附中等教育机构，为昆明的青年、妇女会、中小学生、教师、保甲长等各界人士讲述延安、抗日根据地、解放区等地的真实情况，为他们分析国内国际形势，鼓励他们坚定信念，为追求民族独立和真理而奋斗。

当时，昆明在国民党白色恐怖下，抗日

民主活动不能公开进行，暂时处于低潮。在这种情况下，李公朴积极参加各种进步活动，播撒了抗日民主的火种，也打破了昆明民运的坚冰。

1942年12月，在朋友的帮助下，李公朴在昆明北门街住宅楼下开设了一间书店，取名"北门书屋"，主要出售一些被国民党当局所禁止的进步书籍，吸引了许多读者，在昆明的影响逐渐扩大。1944年8月，他又创办了北门出版社，邀请了张光年、楚图南、闻

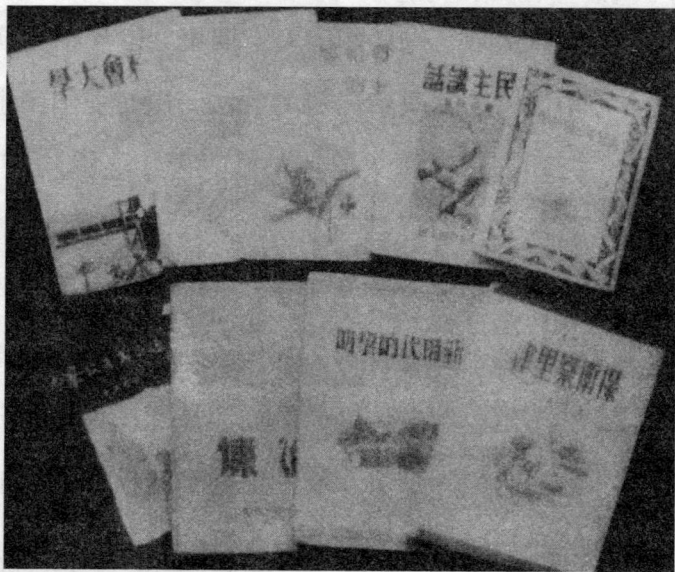

△ 北门出版社出版的部分进步书籍

一多、潘光旦等十余名著名人士为编委。在两年多时间里，出版社先后出版了进步的文艺作品、翻译小说、诗集、歌曲、文学评论、青少年读物等三十余种，同时也秘密印刷了《论联合政府》、《论解放区战场》等中共的宣传品和文件，在国民党统治区起到了不可替代的作用。

1943 年 5 月，在中国共产党的指导和推动下，在昆明成立了民主政团同盟第一个地方组织昆明支部，最初只有李公朴等七名成员。李公朴入盟后，积极培养介绍进步人士参加民盟组织。但是，政团同盟主要吸收三党三派成员，限制了大批无党派民主人士入盟，阻碍了同盟发展。针对这种情况，李公朴等向重庆总部提出，为团结全国民众，尽力推进民主运动，加强抗战力量，应当取消"政团"二字，使之成为政治主张相同的个人大联合，而不是仅以政团为单位的联合体。与此同时，李公朴和中共地下党员张光年以及支部委员多次商量，率先突破了"团体盟员制"的限制，吸收了吴晗、闻一多、楚图南、冯素陶等一批中上层知识分子、爱国民主人士和进步的文化人士入盟，而云南省主席龙云、云南省宪兵司令部副官长刘达夫等也成为民盟的秘密成员。他们的加入，扩大了支部的组织范围和社会基础，进一步推动了民主运动的高涨。

1944 年 9 月，中国民主政团同盟在重庆举行了全国代表会议，大会采纳了昆明支部建议，决议将中国民主政团同盟改组为中国民主同盟，取消"政团"二字，由团体会员制改为个人参加。11 月，昆明支部召开全体盟员大会，决定将昆明支部改为云南省支部，选举李公朴和罗隆基、周新民、楚图南、费孝通、潘光旦、潘大逵、闻一多、吴晗为委员。12 月，民盟云南省支部机关刊物《民主周刊》创刊，李公朴为编委之一。

加入中国民主同盟后，李公朴与中国共产党的关系更加密切，开始了他作为民主战士的新起点。

取义成仁民之主

(1945—1946)

➡ 抉 择

★★★★★

（45 岁）

1945 年 8 月 15 日，日本宣布无条件投降，中国人民经过八年艰苦卓绝的斗争，终于取得了抗日战争的胜利。当人们还沉浸在胜利的狂欢中时，李公朴却隐隐感觉到内战爆发的不安。特别是看到毛泽东在《论联合政府》中关于"两个前途"论述之后，他愈发相信自己的判断，一场反对内战，争取和平民主的斗争就要开始了。

有感于美国政府对国民党蒋介石的援助，李公朴敏锐地觉察到，这很可能为国民党当局阴谋发动内战而推波助澜。

于是他和闻一多、吴晗等昆明各界共 207 人联名发表了《告国际友人书》，指出中国人民要团结、要民主、要彻底的胜利，即要走团结胜利的道路，民主的联合政府的路，可是执政的国民党"一切的政令和措施，都是和这条光明之路背道而驰"。他们同时呼吁国际友人共同支持中国人民建立一个民主团结的新中国。文中还严厉谴责了美国驻华大使赫尔利和美军驻华总司令魏德迈，实施助长国民党进行内战的政策和行为，吁请美国友人敦促美国政府在中国问题上，要采取公正和现实的观点，要把宝贵的援助，成为促进中国民主与胜利的条件，而不要成为妨害中国团结和进步的条件。不使一切的援助如经济与黄金的援助，成为中国官僚与资本家剥削中国人民大众的资本；不使一切的军火援助，成为军事独裁者屠杀人民的工具。

面对战后国内形势的变化，中国民主同盟决定召开临时全国代表大会，以统一对形势的认识，确定今后的斗争方向。云南省支部全体盟员在唐继尧的故宅唐家花园开会，选出李公朴、闻一多、李文宜、冯素陶、辛志超、楚图南为临时全会的代表。10 月 1 日下午，中国民主同盟临时全国代表大会在重庆上清寺"特园"开幕。此时的民盟由于国共两党斗争的尖锐，内部已经出现了分化，部分盟员企图在国共两党对立之外，走中间路线，寻找出第三条道路。此外，民盟领导机关一直被青年党所把持，使民盟在开展民主运动上显得不够坚强有力，广大盟员对此非常不满。因此，会上出现了不同的政治倾向、不同的见解主张，有的分歧很大，而且斗争激烈。面对诸多重大的原则问题，李公朴坚持进步的正确的立场，勇敢地和倒退、保守的思想作斗争，为保证民盟的进步性起到了重要作用。9日，大会讨论民盟的行动方针问题，青年党骨干余家菊提议民盟的一切行动方针，应持中立、不偏不倚，站在两党之外。李公朴和罗隆基坚决反对，他们主张"我们要看事实环境来决定，不能拘泥于局限之内"。这个主张明确表示在民主与反民主之间，民主与独裁专制之间，是没有中立的余地。随后，大会在讨论民盟政纲关于经济方面的农业问题时，冯素陶主张废除封建土地所有制，实行土地国有，但遭到董时进的反对。董时进认为中国农村经济问题主要不是土地所有制问题，而是改良生产技术问题。双方争辩不下，李公朴等人坚决支持冯素陶的主张，使该案顺利通过。

会议期间，周恩来约李公朴和史良、李文宜、辛志超、李相符、冯素陶到曾家岩50号中共办事处谈话。李公朴等人就会上一些问题的争论以及对民盟会议的看法，向周恩来作了详细汇报。周恩来对他们说："像民盟这样几党几派在一起的团体，各种意见不能完全一致，是必然的，做到求同存异就行了，要团结一切可以团结的力量，和国内外敌人作斗争。"又说："坚持原则是好的，非原则问题可以适当让步，只要有利人民事业。随着形势的发展，将来政治上一定范围内的分化，各种政治集团也许难免。非分化时分化了不一定是坏事，但现在不能闹翻了。"李公朴认为周恩来的谈话诚挚精辟，使他深受鼓

△ 临时代表大会的宣言和纲领

舞和启发。

　　经过李公朴等进步力量的斗争，民盟临时大会通过了《政治报告》、《中国民主同盟纲领》、《临时全国代表大会宣言》等文件。"报告"提出"要把中国造成一个十足道地的民主国家，一定要首先扫除民主的障碍"，即结束国民党一党专政的党治，彻底清除内战的危机，改进普遍贫穷匮乏并且已经陷于破产崩溃的社会经济。"纲领"主张国家体制实行议会制、责任内阁制、司法独立、地方自治以及经济上平均财富，军事上军权属于国家，外交上保障领土主权完整，教育上普及化、大众化等等。这些都代表了战后广大人民要求民主、和平、统一，反对国民党大地主大资产阶级一党专政和个人独裁的愿望。

　　大会从组织上扭转了青年党把持操纵盟务的局面，增选了33位中央执行委员，扩大了进步力量在盟内的领导成分。李公朴被推选为中央执行委员和民主教育委员会副主任委员。

　　民盟临时大会所通过的文件，表明民盟的向左转化，有着十分重要的意义，而李公朴等进步力量在会上起了重要的作用。

　　民盟临时大会刚刚闭幕，李公朴又立即投入到救国会的筹备改组工作之中。

伴随着抗日战争的胜利结束，救国会原来制定的争取抗日胜利民族解放的使命已光荣完成，显然原来制定的政治纲领已不适合新的历史情况。为适应新的形势，李公朴和沈钧儒、史良、陶行知、冯亦代、任宗德等在重庆的救国会会员经多次商谈，决定将救国会改组为"中国人民救国会"，并制定了新的政治纲领。

12月16日，中国人民救国会第一次会员大会在重庆中一路韦家院坝16号举行，在重庆的救国会员李公朴、沈钧儒、史良、陶行知、曹梦君、宋云彬、邓初民等35人出席了会议。首先由李公朴宣读会议程序。接着推选沈钧儒、陶行知和史良为主席团。随后听取了沈钧儒、陶行知分别报告"人民救国会"改组缘起和筹备改组经过，并讨论了本会纲领及本会组织规程。是日会议，还推选了中国人民救国会中央执行委员19人，李公朴以29票当选。在以后的会议中，他还和沈钧儒、陶行知、史良、曹梦君、何惧、萨空了等七人被推选为中央常务委员，并和史良一起负责秘书处工作。

人民救国会自1945年12月16日召开第一次会员大会，至次年5月沈钧儒离开重庆抵达上海，"人救会"的领导核心随之转移，在重庆共举行了八次会员大会和两次常委会。会议听取了李公朴所作《政治报告》，讨论通过了《中国人民救国会政治纲领》、《中国人民救国会组织规程》，提出了一系列进步的政治主张，其中有许多是跟随了共产党在新民主主义革命时期所规定总路线的。

比如在《政治报告》中李公朴着重报告了当时国内内政问题的焦点，即政治协商会议"是否能如国人所期待而得到圆满的结束"。当时国共重庆谈判已经结束，双方代表签订了《双十协定》，一致认为"必须共同努力，以和平、民主、团结为基础"，"坚决避免内战，建设独立、自由和富强的新中国"；而"政治民主化、军队国家化及党派平等合法，为达到和平建国必由之途径"。然而，蒋介石一面同共产党谈判，一面加紧准备内战。他以接收与受降为名，命令他的军队迅速抢占战略要点，加紧向各解放区进犯，国共双方军队发生了大规模的军事冲突，上党、绥远、邯郸等战役已先后展开。此外，国民党在向解放区进攻的同时，还准备召开政协会议，企图通过政协确定国大日期，再通过国大确立其合法性。上述国内形势，是影响政协会议达到人们所期望的障碍。因此，李公朴在《政治报告》中指出，要使政协会议按照人民期望圆满结束，必须解决当前几个重要问题：

第一，停止内战问题。他说，如果各地武装冲突不能立即停止，一切问题便无从谈起。一定要先停战，所有问题都经由协商解决。

第二，联合政府问题。他说，联合政府一定要由各党各派及无党无派的人去共同组成，在联合政府当中，中国国民党当然为第一大党，政府主席仍将为蒋主席。

第三，共同纲领问题。他说，这一纲领一定要符合全国民意，真正代表人民的利益。同时，这个纲领一定要是具体的，又要是可能真正见诸实行的。

第四,五五宪章与国民大会问题。他指出，宪法应该是全国人民所同意的宪法；国民大会的代表，应该是真能代表民意的代表。要求必须修改五五宪章，因为它是在一党专政的政治基础上草拟的；必须重选国大代表，因为十年前所选的代表，断不能代表今天的民意。

李公朴的政治报告，把握住了时代的脉搏，提出了所要解决的问题,都是极为迫切的现实问题,体现了他希望国家永久和平、实现真正的民主政治的拳拳之心和鲜明的政治立场。

→ 争民主反内战

★★★★★

（45岁）

就在李公朴等人为实现国内和平积极奔走呼吁的时候,国民党军队却接连向上党、绥远、邯郸等地解放区发动大规模军事进攻。1945年11月5日,毛泽东以中共中央发言人的名义发表谈话,揭露国民党军队进攻解放区的真相,号召"全国人民动员起来,用一切方法制止内战"。11月25日傍晚,在中共地下云南省工委及昆明市基层组织的领导下,西南联大等大中学师生及青年职工、社会人士等六千余人集会在联大草坪，举行反内战时事演讲晚会。此时，统治云南多年的龙云已经被蒋介石设计赶走，由李宗黄代理云南省主席，关麟征为警备司令，白色恐怖笼罩昆明。演讲会虽然遭到国民党军警特务通过割断电线、鸣枪等卑鄙手段进行破坏，但还是成功通过了《昆明各大学全体同学致国共两党制止内战的通电》和《呼吁美国青年反对美国参加内战的通电》。第二天，昆明国民党中央通讯社发表报道，对群众的民主晚会极尽造谣污蔑。

国民党当局的行径激起了昆明大中学师生的愤慨，自26日起，全市三十多个大中学校三十万余学生举行罢课，并组成了全市大中学校罢课联合委员会，统一领导全市罢课斗争。28日，罢课联合委员会发表了《为反对内战及抗议武装干涉集会告全国同胞书》，并组织同学们上街开展广泛的宣传活动，在整个昆明市迅速形成了反内战争民主的声势。

面对着日益高涨的学生争民主反内战运动，云南反动势力决定采取镇压手段。12月1日，数百名武装军警和宪兵特务冲进联大、云大等校，捣毁教具，劫掠财务，殴打师生，投掷手榴弹，导致四名师生遇害，五十多人受伤。

这就是震惊全国的昆明一二·一惨案！

惨案震惊全国。各地民众纷纷召开公祭大会，悼念昆明四烈士，声援昆明爱国民主运动。李公朴在重庆得知一二·一血案后，心情无比悲愤，连着写了两幅挽联，敬挽"一二·一"烈士，抗议国民党的暴行。

其一为：

要独裁残杀学生之政府从来没有好下场

反内战代表人民的公意不久一定会成功

另一幅是：

△ 1945年12月1日昆明学生上街游行

四位民主战士你们死去你们永远不会死去

一群专政魔鬼他们将来他们已经没有将来

民盟总部决定举行追悼会公祭昆明四烈士，并把大会的筹备工作交给李公朴负责，为组织好这次公祭活动，他和几十个青年夜以继日地紧张工作。

12月9日，"陪都各界公祭 一二·一昆明死难师生大会"在长安寺举行，沈钧儒、郭沫若、邓初民、柳亚子、罗隆基、刘清扬、章乃器等分别代表各民主党派和人民团体主祭并讲话。他们强烈地谴责国民党屠杀昆明师生的滔天罪行，要求公开审判凶手。郭沫若以辛辣的诗词讽刺国民党的'进步"表现：用手榴弹代替水龙头，警棍、大刀让位给机关枪，屠杀学生。当他演讲完毕，李公朴紧紧地握着他的手，表示感谢，并领着参加公祭的群众高呼口号：要民主，反独裁，要和平，反内战，镇压学生的人绝没有好下场。

这次规模盛大的公祭活动连续举行了三天，有一万余人前来参加公祭。重庆的广大群众进一步认清了国民党反动派的内战阴谋和法西斯暴行，掀起了群众性的反内战争民主的浪潮。

李公朴除了积极领导和组织陪都各界追悼被难师生大会外，更拿起笔，向反动派掷出投枪。他先后写了《政治会议的试金石——用行动来哀悼死难的师生》和《从世界看"一二·一"惨案》，其矛头直接对准了国民党政府和蒋介石。在《从世界看"一二·一"惨案》一文里，他精辟地分析了当时全世界和中国的民主与反民主势力的激烈斗争，并着重谈了中国的情形，进而直指国民党当局，在表面上图书审查制度废除了，代之而起的确是书摊被没收，被虐打，被恐吓，被盯梢；新闻检查取消了，而独占的新闻通讯，却可以一手遮天，硬派出一个不知何许人的姜凯来给别人栽瓜；人民可以集会结社自由了，而11月24日昆明党政军当局就下命令不准开会，当其既开也，便用机枪迫击炮示威、恐吓、镇压，有人还大肆咆哮说，学生有开会的自由，我就有开枪的自由；人民应该有身体自由了，而这些自由的人身，却在马路上被抓、被打、被杀，在学校里被手榴弹打死，打不死，受了重伤的，还在送医院的中途，加上几刺刀，请你毙命。他一针见血地指出，这些就是今天中国的真相，也就是一二·一惨案所以发生的原因。他提醒对蒋介石的假和平还抱有幻想的人们，对于这些原因，如果我们只把它当做一个地方事件去看，是很危险的；只把它当做中国的事件来看，也是很危险的。要认识到，这正是全世界民主与反民主斗争中的一个必然结果。他从近百年人类发展的历史中总结说："反人民的人，一定会在人民的面前倒下去；用武力压迫人民的人，一定为人民自己的力量所推倒。"

李公朴通过这两篇文章，深刻揭露了国民党蒋介石反民主，压迫人民，制造内战的真面目，把一二·一惨案上升到民主与反民主斗争的高度，这无疑是对昆明师生斗争的有力声援和支持。

➜ 血洒校场口

★★★★★

（46 岁）

1946 年 1 月 10 日，国民党、共产党、民主同盟、青年党、社会贤达五个方面的代表共 38 人，在重庆举行政治协商会议。

会议关系着国内的和平、民主和统一，关系着中国命运的转机，因此，全中国人民都对它寄予极大期望。

为促使政协会议成功，李公朴在会场外积极参加和领导了各种活动。

1月9日下午，即政协会议开幕前夕，陪都文化界七个团体在西南实业大厦举行茶话会，招待出席政协会议代表。政协代表、各界人士及新闻记者共五百余人到会。李公朴是茶话会主席团之一。会上沈钧儒、邵力子、吴玉章、冯玉祥等先后讲话，希望取消限制自由的一切规定，监督政协代表去争取自由，解除种种黑暗压迫，共同努力，使政协会议开成功。李公朴也在会议上讲话，他希望政协会议开会期间，陪都新闻界做人民喉舌不要瞻前顾后，要为人民说话。最后，会议决定组织"全国人民政治协商会议协进会"，以促进政协会议成功，并推定李公朴、陶行知、茅盾、邓初民、侯外庐、马寅初等主席团成员为筹备人。

1月11日，政协会议开幕的第二天，民主建国会、陪都文化界政治协商会议协进会筹备会、救国会三团体联合邀集中国经济事业协进会、中国劳动协会等二十个团体的代表，在迁川工厂联合会集会，决定成立陪都各界政治协商会议协进会，以此推动政协会议的成功举行。协进会推选李公朴、章乃器、胡厥文、施复亮、孙起梦、陶行知、李德全等35人为理事,下设秘书、联络、新闻三处,政治、经济、军事、教育、文化、综合五个专门委员会。李公朴和罗书章、曹梦君负责联络处工作。协进会决定:

第一,在政协会议期间,每天举行一次各界民众大会,邀请政协代表报告当天开会情形,听取人民群众的批评和建议;第二,在最近期内召开一次陪都各界民众庆祝和平大会。

协进会成立后,李公朴格外繁忙,在他的积极筹划下,协进会先后举行了八次各界民众大会,分别邀请政协代表王若飞、章伯钧、罗隆基、张申府、张东荪、梁漱溟、郭沫若、李烛尘到会讲话,受到爱国民众的热烈欢迎,听众有时能多达三千多人。民众大会有力地配合了中共和民盟代表在政协会议上的斗争,推动了民主运动的发展。

随着政治协商会议临近闭幕,1月27日下午,协进会在苍白堂举行最后一次民众大会，即第八次民众大会。到会群众三千余人，李公朴和严宝航、章乃器三人主持大会。会上，王若飞和中共代表团顾问、山东大学校长李澄之及郭沫若做了报告，并针对国民党宪警特务非法搜查政协代表黄炎培住宅，通过提案，以大会名义致函黄炎培，表示慰问。会后，国民党特务跟在李公朴和郭沫若的背后谩骂，直到迁川大厦始止。期间，陪都的学术界、文艺界、戏剧界以及电影、漫画、木刻、美术、音乐、出版杂志界，于1月24日成立了"政治协商会议陪都文化界协进会"，推选李公朴和侯外庐、邓初民、翦伯赞等17人为理事，胡风、巴金、王寅生、张希曼为候补理事。

李公朴期望政协会议能够奠定起国家的永久和平，能为实现真正的民主政治打下一个初步的良好基础，他以饱满的政治热情，在会外积极参加和领导上述各种促进政协通过民主决议的活动，因而引起了国民党反动派的极端仇视。

1月31日，政协会议闭幕，经过中国共产党和各民主党派、民主人士的共同努力，以及国民党政协代表的某些让步，同时还有李公朴等各界民众在会外的促进，会议终于通过了关于政府改组、施政纲领、军事问题、国民大会和宪法草案五项决议。这五项决议有利于和平民主，有利于人民。周恩来在政协闭幕会上致辞说："这些问题的原则解决，是为中国政治开辟了一条民主建设的康庄大道，而这种解决方式，也是替民主政治树立了楷模。"

为巩固政协会议的成果，促进五项决议的实施，2月2日，李公朴、章乃器等协进会理事在民盟机关报《民主报》社址开会，决定举行陪都各界庆祝政治协商会议成功大会。随后，由协进会、民主建国会、中国劳动协会等23个团体组成"陪都各界庆祝政治协商会议成功大会筹备会"，推选李公朴、章乃器等为筹备会负责人。并公开发布消息，通知陪都所有社会团体参加。6日和9日，筹备会两次举行扩大会议，决定庆祝大会于10日上午9时在重庆校场口举行；推定李公朴、章乃器、郭沫若、施复亮、李德全、马寅初等二十余人组成大会主席团，以李德全为总主席，李公朴为总指挥，并报告庆祝大会的筹备经过；请全体政协代表莅临会议，特邀孙科、吴铁城、邵力子、周恩来、董必武、沈钧儒、张钧勋、曾琦、胡霖、李烛尘、王云五等11位政协代表在会上讲演。为防止特务捣乱，筹备会向警察局洽定了会场，函请当局派军警到现场维持秩序，同时由社会大学、中国劳动协会等团体成员到场协助。

2月10日上午，数千名群众集会在重庆校场口广场，等待在这里召开的陪都各界庆祝政协会议成功大会。大会原定9点半开始，李公朴作为主席团成员，又是大会总指挥，早早地来到会场。当他佩戴着"主席团"的标志登上主席台时，却发现主席台两旁已经站满了来历不明的人。原来国民党当局蓄意破坏这次大会，重庆卫戍司令王瓒绪、市党部主任方治在陈立夫的授意下，指派中统特务、市教育会理事长吴仁初以及市农会常务理事刘野樵，进行破坏捣乱，主席台两旁那些来历不明的人就是他们派出的特务打手和雇用的流氓。当刘野樵以向大会主席问问题为借口，向李公朴寻衅时，被李公朴严词警告。当章乃器等主席团成员到达时，刘野樵又来和章乃器纠缠，而他带来的打手则抢占扩音器，强行宣布推举刘野樵任大会主席，刘野樵旋即悍然宣布开会，举行开会仪式。李公朴、章乃器、马寅初等当即提出抗议，施复亮忍无可忍，大声向台下群众喊道："请大会总指挥李公朴先生讲话。"李公朴刚要说明情况，这伙暴徒撕掉伪装一拥而上，对李公朴进行了惨无人道的殴打，并导致庆祝大会中断。混乱中，李公朴在社会大学、劳动协会等团体青年的保护下，突围出来，由八路军办事处的汽车送往市民医院救治。与李公朴同时被特务流氓打伤的还有郭沫若、施复亮、马寅初等，受伤失踪的群众达六十余人。这就是震惊中外的"校场口血案"。

校场口血案发生后，群情激愤，一致要求国民党当局严惩凶手，保证人民的自由和民主。国民党当局却颠倒是非，混淆黑白。《中央日报》公开造谣，将血案说成是"李公朴争夺总主席，引起互相殴打，以至双方受伤"，并扬言要"惩办此次肇事者李公朴、章乃器"。特务刘野樵等倒打一耙，向重庆市地方法院诬控李公朴、章乃器等人"聚众逞凶，扰乱集会，伤害他人身体"。国民党中央社公然混淆视听，李公朴非常气愤，他对前来采访的新闻记者愤慨地说："中央社报道的消息，真太不像话。过去对昆明惨案捏造是非，还可推脱是分社干的。现在总社也发出这样的消息，有良心的新闻记者应群起而攻之。"对于特务刘野樵等人的诬告，李公朴等人和他们对簿公堂，进行法律斗争。在血案发生的当天下午，李公朴等即在史良律师及社会大学校董周宗京的陪同下，携带重庆市民医院开具的伤情报告，到重庆地方法院验明伤情，提出控告，要求惩凶。国民党自知理亏，迟迟不予开庭，并由邵力子出面调停，企图由国民党政府"颁布明令，不言谁是谁非，但言校场口不幸事件不宜再有而解决之"。对此，李公朴表示：如果是个人的官司，就不想打了。这次是为人民的自由权利打官司，所以我们还得打下去。3月初，李公朴等人再次提起诉讼。3月15日，重庆地方法院被迫开庭。李公朴等人在法庭上以无可辩驳的事实，义正词严地控诉了刘野樵等一伙特务的法西斯暴行。刘野樵等人则言不由衷，自相矛盾，丑态百出。最后法庭宣布：因见《大公报》载政治协商会议综合小组将为此案进行政治解决办法，故法院决定延期再审，以视调节结果而定。

校场口广场的血迹未干，国民党反动派又制造了一连串破坏和平民主、破坏政协决议的事件。2月下旬，国民

党用欺骗的手段，挑动重庆部分学生举行反共反苏游行，捣毁中共的《新华日报》营业部和民盟机关报《民主报》营业部。同时，在北京、上海、成都、南京等城市，也出现了反共反苏游行。3月1日至17日，国民党召开六届二中全会，通过了《对于政治协商会议之决议案》，公开撕毁政协决议，并对政协宪章原则做了五点更改。这意味着国民党推翻了政协会议确立的民主原则，继续坚持独裁统治。

　　经历了校场口事件，使李公朴的思想认识更加明确，对国民党一党独裁的认识更为清楚，他期望实现真正的民主政治的意志更为坚定。

　　3月27日，他写信给张光年说："民主的路不但是长而且艰苦的，过去是从认识上理解它，现在则是已开始走上实践的路了，艰难痛苦的事实已活生生的一件跟着一件摆在面前了，将来的艰苦还要多，我们需要更坚强与团结才能克服它，我相信是可以的。我愿随大家坚韧持久的干下去，准备在真理的旗前倒下去，是大愿也！"

→ 开启民主教育先河

★ ★ ★ ★ ★

（46岁）

李公朴自美国留学回国后，曾提倡社会教育，在上海创办流通图书馆和补习学校；九·一八事变后，他倡办国难教育，提出许多国难教育计划，并在上海近郊做过实验；抗日战争爆发，他又提倡抗战教育，并参加山西民族革命大学的教学工作，组织抗战建国教学团。如今抗战胜利了，他根据民主建设和普及教育的需要，在中国共产党的帮助下，1946年1月15日，他与陶行知在重庆一起创办了社会大学，进而拉开了中国历史上民主教育的序幕。

社大成立后，李公朴作为副校长，同时兼任教务长，实际上负责主持社大的教务工作。他深知，一个学校办得好与否，关键在于是否有好的教师队伍。为此，他"连求带劝"，为社会大学请来了翦伯赞、华岗、邓初民、许涤新、王昆仑、章乃器、胡风、何其芳、骆宾基、艾芜、曹靖华、孙起孟以及秦邦宪、邓发、田汉、乔冠华、柳湜、郭沫若等一批国内第一流的专家学者。这里除中国共产党人外，他们有的是著名的政治学者、经济专家、历史学家，有的是政协会议代表、政协会议民主同盟代表团的政治顾问、经济顾问、教育文化顾问，有的是中苏文化协会领导人、中国人民救国会的负责人、民主建国会的干部和生活教育社的干部，还有《新华日报》的总编辑等等。其阵容之壮观，实为国内所仅见。由他们来授课，首先保证了社大成为团结教育和提高职业青年的革命觉悟、文化水平和专业知识的高等业余学校。

关于社大的教学方针，是李公朴和陶行知商量后决定的，即"人格教育、知识教育、组织教育和技术教育"。这四项教育是互相联系的，绝不是各自孤立的。李公朴对此又作了具体解释。他说，人格教育，是要培养学生建立革命的人生观和正确的宇宙观，这是整个教育方针的重点和

核心。他批判了千百年来为个人名利而读书的旧观念，指出："我们每个同学有革命的民主的人生观，我们要培养每一个同学有一种不以知识作为夺取私利的工具，不是把自己的幸福建立在他人的痛苦之上的人格。"知识教育，是要完成社会科学，特别是政治经济学的基本知识的学习。因为过去各学校的知识教育，既没有注重社会科学研究，更没有使学生与实际社会接触，以至于学生大学毕业后，对社会的政治态度还莫名其妙，都感到学校所学的东西，不能搬到社会上来。技术教育，着重自动的、集体的、随时随地的学习方法。组织教育，是培养和发展每一个学生的组织能力。这在过去根本就没有人注意和提到过。除此之外，李公朴认为，陶行知提出的大学之道在明明德、在亲民、在止于人民之幸福，也应该包括在社大的教育方针内。他说："在明明德、在亲民、在止于人民之幸福，就已经包含着知识教育、组织教育和技术教育。至于如何去明明德，如何去造就人民之幸福，则更需要这四种教育方针的互相发挥。"

社大的学习方法，由李公朴主持教务处与学生联席会议讨论通过。这就是主动的、实践的、集体的、正规的四个基本学习方法。所谓主动的学习方法，李公朴指出，主要是要做到人格上的自动学习。关于实践的学习方法，他说，学到的理论，尽管都是真理，但也是过去经验的总结。过去的事物有当时的时间性和空间性，是不能一成不变地用来解决现在实际问题的，所以不仅在理论上要了解，还要实践，尤其是知识教育方面更为重要。集体的学习方法，他指出，只有集体教育才能帮助个性发展，个人的特殊兴趣只有通过集体，才会焕发光彩，所以实施集体教育方法，一方面发挥了优良的个性，一方面增加了群众的智慧。所谓正规的学习方法，就是有步骤、有系统、有恒的学习。

与此同时，李公朴召开教务会议，决定在同学中推行两种新的学习方法，即学习小组和学习进度考察办法。关于学习小组，李公朴指出："同学们在学校的活动，当然以学习为中心，所以我们要积极地推动学习小组的建立。"他建议，组织方面，原则上以十人为一个学习小组；学习讨论方面，就所学课程为中心，提出问题，开展讨论，共同学习。这样，思想才能得到自由启发，民主也才能得到更高发扬。他自己以总组长的身份帮助解决各学习小组遇到的各种困难。在他的指导下，全校根据区域和学习兴趣划分，共成立了11个学习小组。每组有自己的学习计划，有的小组有专题讨论；有的小组每周出壁报；有的小组举办演讲会；有的小组注重互相批评、自我检讨；有的小组推荐一本书，全组共同研究，作出评论和介绍；有的小组成立了活动图书馆。例如政经系成立了四个学习小组，在学习上，或配合经济学和中国通史两门课程，以封建社会作为专题讨论；或以哲学问题作为研究对象。该系每周出一次壁报，有四个小组轮流主编。各组尽量发挥自己的才能，使壁报的形式和内容琳琅满目，各具特色，提高了同学们的学习和工作效能。另外，学生们定期举行全校周会和召开同学自治会、小型谈话会，还组织了读书研究组、时事研究组、戏剧研究组、音乐研究组等各种各样的学习小组。

关于废除旧的考试制度，建立一个新的学习进度考察办法，李公朴指出："我们主张考试的目的是为了复习，在于明了学生什么已经知道，什么还没有知道，而对于同学所不知道的地方，则应该加以辅导。我们反对过去偏重在不相干的一时一地的问答，我们也反对专重分数的评定，因为这些都是引起同学作弊的主要原因。严格说来，我们的学习进度考查办法只是一种讨论和记录，不是考试。在小组里我们反复讨论，在最后的评定里，我们采用民主方式。我们相信同学是为求知而来，分数、文凭、资格不是我们所需要的，因此我们也相信这办法是行得通的。"其办法主要是从五个方面进行考核：（1）对本学期的每门功课，根据"学、教、做"结合的精神，写出心得体会，说明学到了什么，教给了别人什么，做到了什么；（2）问题回答，实际上是开卷考试，可以翻阅书籍，允许互相交换意见，并有充足的思考撰写时间；（3）每个学习小组写出各组的学习总结，作为集体答卷；（4）集体专题研究报告，由三至七人承担一个专题，集体研究，写成报告；（5）每个同学写一篇一学期来在学习上、生活上的自我检讨。

社大推行学习小组和学习进度考查的学习精神和兴趣，调动了学生的学习积极性。这种民主的学习进度考查办法，是李公朴民主教育的一个实践。事实证明，这种新的学习方法极大地激发了同学们的学习精神和学习兴趣，调动了学生的学习积极性。一位当年的社大学员回忆说，采取这样的学习方法，同学们都很有兴趣、很自觉。虽然同学们在白天沉重的工作负担之余，夜里又有浩繁的学习任务，但却都进行得生动活泼，表现得生龙活虎，感到日新月新，收获很大。因此这种学习方法受到普遍好评，同学们称它是大后方学校中的一个特色，是反对传统的、封建的、法西斯的死教育，提倡新的、民主的、科学的活的教育的具体方法。

积极引导社大学生参加革命斗争，是李公朴民主教育的一个特点。重庆社会大学成立的背景是，国统区各地反对内战，争取民主和平运动日益高涨；而社大第一期，正是政协会议召开，坚持政协决议与推翻政协决议斗争期间，社大学生积极参加到捍卫政协成果的斗争中，成为当时重庆民主运动的一座营垒，为推动重庆的和平民主运动作出了积极贡献。

作为一名教育家，李公朴非常期望把实施民主教育的原则写在宪法上。他满腔热情地写了《新宪法上的教育问题——确定民主教育的原则》一文。在这篇文章中，李公朴首先指出："中国自逊清废科举建学堂以来，一直到今天，除了解放区内及非解放区的个别进步的教育家个人的点滴成就而外，可以说是一无成果。在一些不适合国情的各种搬自英、美的教育制度的思想指导下，连学而优则仕、封建帝王式的教育都没有了，还谈什么人民教育！抗战以后，在反动者策划下，坚决实行了统治教育、特色教育、洋八股教育，除了戕害青年、断丧人性而外，更是一无所获。

如果有，那只是个别青年在学校内党团活动的严密监视下，偷偷摸摸自行学习的结果。"接着，他批判了国民党的五五宪章，特别是关于其中的教育部分，不仅今日不合国家人民的需要，就是当时也不符合国家人民的要求；不仅今日不能发扬三民主义，就是当时也不能表现三民主义，这表现在：

（1）它的教育宗旨，不能够体现孙中山的三民主义，仅仅空空洞洞提到发扬民族精神，而民权、民主则差不多没有提到，尤其缺乏民主精神；（2）国家是不断改革的，国家的教育宗旨不必在宪法上规定，宪法上只应规定一些较为基本的正确的原则；（3）所谓教育机会一律平等，学龄儿童基本教育、成年补习教育，免纳学费，对今天依然饿着肚子，冬天穿不上一件棉衣的劳苦大众，不但是一句空话，事实上等于欺骗。因此，他主张五五宪章教育部分，不仅具体条文要修改，就是原则也得重新厘定。

那么，怎样使新宪法体现民主教育的原

则呢? 李公朴提出了以下几点基本要求:

第一, 从实现各民族一律平等做起, 在各民族自治的原则下, 给他们以教育自由, 发扬各民族固有的优良文化, 增强民主的科学教育。

第二, 规定各校一律免费, 并且不收任何费用。例如, 学龄儿童不仅免交学费, 而且供给一切必要的生活需要; 成人补习教育, 应该使个人及眷属生活上不因受教育而发生困难; 失学职业青年, 无论是国营机关、工厂, 还是民营事业, 应该严格执行三八制, 鼓励工读。

第三, 确定保障人民有教育权、受教育权、办教育权、有把教育办成为人民自己除痛苦造幸福的教育权。

最后, 李公朴大声疾呼:"如果真心想造福人民, 造福国家, 那么首先就应当根据三民主义的原则,来制定宪法, 建立民主教育的体系, 实行民主的普及教育。"

李公朴提出在宪法上确定民主教育的原则, 从另一个方面体现了他变革现实不合理的独裁的社会制度, 改造成为合理的民主的社会制度; 变革不合理的愚昧的教育制度, 改造成为合理的智慧的教育制度的思想。这对长久以来僵化的教育体制和腐朽落后的教育理念, 无疑起到了振聋发聩的冲击作用。

➡ 勇敢的心

★ ★ ★ ★ ★

（46岁）

1946年5月初，国民党政府还都南京，以周恩来为首的中共中央代表团和各民主党派也先后由重庆迁到南京。从这时起，全国人民开展和平民主运动、反对国民党内战独裁的中心由重庆转移到了南京和上海。是月17日，李公朴告别紧张战斗工作了半年多的山城重庆，飞回昆明。他准备结束昆明北门书屋和北门出版社的工作，携全家老小回到上海。但是当他一回到昆明，便为反内战、争民主奔走呼号，整个精力都投入到这一斗争中，没有时间来顾及全家老小离开昆明的准备工作；再加

取义成仁民之主

△ 李公朴夫妇与子女在昆明

上一家老小从昆明到上海的路费，以及到上海后的生活、住处等问题，一时都无法解决，行期就这样一天天地拖了下去。

昆明有他的许多同志，李公朴回到昆明，受到楚图南、冯素陶、闻一多、潘光旦等民盟云南支部老朋友的热烈欢迎，他们立即一起并肩战斗，投入到云南人民反内战争和平的民主运动中。

5月26日，李公朴应云南大学的邀请，向师生作题为《内战与和平》的演讲，他用了两个多小时准确分析了国际现实之矛盾、国内情势、内战的原因、内战的打法、内战的结果以及如何争取和平。

此时李公朴已认识到，国民党挑动内战，其结果必定自取灭亡；战争只能给人民带来灾难，要用民主的力量制止内战，争取和平。在青年会组织的一个大型座谈会上，李公朴谈到当前的时局，他一针见血地指出，内战不可避免，当此之际，我们应该怎么办？一是要反内战反独裁，二是要和平要民主，这就是我们坚定不移的任务，要父亲告诉儿子，妻子告诉丈夫，不为内战当兵，不为内战纳税，看你国民党能打几天内战？

6月23日，上海工人、学生和各界人士共五万人举行游行集会，反对内战，要求和平民主，并推举马叙伦、阎宝航、雷洁琼等十一人组成代表团，赴南京向国民政府请愿。不料，代表团于当晚到达南京下关车站时，遭到事先埋伏在那里的国民党特务的围攻和毒打，马叙伦、阎宝航、雷洁琼、陈震中等请愿代表及前来欢迎的人员、记者等被打伤，下关惨案发生。消息传到昆明，李公朴十分悲愤，他和冯素陶、楚图南、闻一多、潘光旦以及他的岳父张筱楼、夫人张曼筠等十八人，立即联名电慰下关惨案受伤者。电文对他们为反对内战，赴京请愿，被反动派法西斯分子指挥暴徒辱殴重伤，"至为悲愤"，"先电致敬慰问"，并表示"誓为诸先生后盾，为争中国和平及民主政治之实现"。

为制止内战，争取和平，6月下旬，在国共休战即将期满之际，李公朴与民盟云南支部写了一封呼吁书，共致蒋介石和毛泽东，经闻一多加工润色后交由印刷厂排印：

南京蒋主席钧鉴、延安毛润之先生勋鉴：

抗战告平，咸庆更生，乃人民喘息未定，而阋墙之祸乱继起。白山黑水，战焰弥天；长江大河，血流满地。农村既饿殍载道，拯救无术；都市复罢工罢教，层出不穷。加之外货充斥，生产停顿，经济危机，尤濒险境。虽停战一再展期，而和平尤未实现，是不仅全国民众所深忧，亦为国际友邦所共虑。是以吁请国共两方，一本爱国爱民之心，开诚相与，一面立即宣布长期停战，一面火速救济灾区。其他如交通之如何恢复，军队之如何整编，生灵之如何救济，与夫政治上民主团结之如何实现，均应以诚意协商解决，万不可使兵戎再见，骨肉相残，坐令民族生机斫丧尽净。悬崖勒马，此其时也。迫切陈词，幸垂察焉！

电文印出后，李公朴和闻一多等人四处奔走，征集昆明各界人士签名，至27日晚9点，在电文上签名者有五千余人，其中不仅有青年、学生、妇女、店员、护国元勋、社会名流，而且还有禅林长老、国民党内的民主人士等。

电文及签名于 30 日正式发表。

然而正如李公朴所预料的，内战不可避免，当他们尽一切力量阻止内战时，蒋介石已经开始大举围攻中原解放区，全面内战爆发了。

昆明一二·一惨案发生后，蒋介石为平息民愤，被迫将惨案凶手关麟征"停职议处"，派霍揆章接任云南警备司令。霍揆章到任后，加强特务统治，将云南各地边防大队、独立营统统包揽到警备部，甚至连省政府所属警卫营，全省保安团的指挥、人事、管理和作战训练等等大权也都抓了过来，为扑灭云南的民主力量不断充实反革命的武装。

进入 6 月以来，随着西南联大三校师生分批复原北上，昆明民主进步力量有所减弱，国民党特务的反革命活动日益猖獗。他们针对民盟精心编造种种政治谣言，在昆明的一些人士中引起了混乱，对民盟十分不利。李公朴和云南民盟支部秘书处主任、执行委员会委员赵枫商量决定，要公开举行招待会，表明民盟的立场和观点，澄清特务们的各种谣言和诽谤，反击反动派的进攻。同时借此机会和地方上的党政军以及文教、工商等各界人士公开建立联系，推进民盟争取公开的合法的活动地位。这一想法经与楚图南、闻一多、潘光旦、费孝通、潘大奎商谈，结果所见一致，并决定由李公朴与法国商务酒店接洽，负责租借招待会的场地。

　　经过紧张的准备，6 月 26 日下午，民盟云南省支部在商务酒店举行第一次招待会，由李公朴和闻一多、楚图南、潘光旦四人主持。是日到会的主要为地方党政军机关及社会、新闻界人士五十多人，包括国民党中央委员杨杰，监察使张维翰，女参政员张邦珍，警备总司令霍揆章的代表，警备总部政治部主任杨静涵，省委委员金龙章以及大学教授和新闻界老前辈张悉若、华罗庚、武启元、钱仓硕等。会上，四位主持人都发了言。李公朴从回顾中国民主同盟成立的历史背景说起，表明民盟的政治主张。他说：1941 年初，在国际上，德意日法西斯侵略气焰嚣张；在国内皖南事变发生，国共两党政治上尖锐对立，眼看着抗日力量日行分裂，中华民国有整个被日军吞没的危险之际，中国民主政团同盟就在这个时候成立了。其成立的主要目的，就是在联合国共两党以外之间党派来调节与减少国共之间一切不应有的纠纷与对立，以期望能加强抗战力量，挽救国家之危亡。到了 1944 年，国际战事好转，苏联红军大反攻成功，美国军队在太平洋战场上不断取得进展；反观国内，国民党在政治上日趋腐化，不能充分发挥全国人民的人力、物力，造成军事上的继续大溃败。为了更广泛地团结全国广大人民，尽量吸收无党派人士参加，中国民主政团取消了政团二字，改为中国民主同盟，并开始在各省征求盟员，建立支部，积极发展组织。李公朴强调指出，中国民主同盟的主要目的与任务，是团结全国民众，尽力推进民主运动。因为团结的基础是民主，没有民主，就没有团结；没有团结，就无法增强抗战的力量。当然，在今天若是不能实现民主，也就绝不可能和平了。继而，他报告了民盟对友党的态度。他说，民盟对盟外友党的关系是坦白、公正、和平、民主的。所以民盟所持的态度与希望是：

（1）共同培养民主的风度。我们不怕别人批评，而且欢迎别人的批评，我们对于一切造谣污蔑与侮辱谩骂，认为都是没有政党风度的卑鄙行为。（2）提倡政党的友谊竞赛。他指出，我们反对利用特务暴徒以种种暴行来摧残别人，诋毁别人，我们要求是公正的来从事政治上的友谊竞赛。但这个竞赛的最后裁判是全国的老百姓。（3）争取一致的外交政策。他说民盟的主张是在不妨碍自主独立的原则下，亲美亲苏联，联美联苏联。即我们承认美国是中国的朋友，苏联也是中国的朋友，今天任何人提倡亲美反苏或亲苏反美都是有害于中国的自主独立性。李公朴诚挚、坦率的报告，不仅有力回击了国民党反动派对民盟的污蔑造谣，而且也使与会者深受感动，对民盟和平建国民主团结的政治主张有了进一步的了解。

28日下午，民盟云南省支部第二次招待会仍在商务酒店举行，出席者主要为文化、教育、金融、实业界方面的人士共八十余人。会议由李公朴、闻一多、潘光旦、楚图南、潘大奎、冯素陶、费孝通共同主持。在这次会上，李公朴的发言除重申上次招待会的内容外，还报告了民盟的组织关系。他指出："民盟与盟内各党派的关系，是在不违背民盟的共同的政治主张之下，而仍许可保持他各个党的独立性，但对外是一个完整的统一体；并强调说，为了爱护自己的国家与尊重自己国家的前途，在争取实现民主政治这个目标之下，我们是没有什么不可以在一个共同的名义下奋斗的。我们盟内各个党派的信念是一致的。我们的态度也是大致相同的。所以盟内之党派都能做到一切为了民盟，一切为了民盟的一致主张。李公朴反复报告了民盟的历史和组织，是要告诉人们，民盟的成立和改组，完全是为了国家民族的利益，为了实现全国的民主团结，并为了达到这一目标，始终不渝。李公朴的发言，在国民党正对民盟实行镇压的时刻，为反击国民党特务的各种谣言，得到各界人士的共同支持，起到了重要作用。在当天的会上，来宾们纷纷发言，表示理解、支持民盟，愿意伸出手来与他们紧紧相握，共同争取和平。

第三次招待会于 29 日下午 4 点以对话的方式在金碧路冠生园举行，由来宾提问，四位主持人作答。李公朴在回答了民盟与救国会关系问题后，又对人们普遍担心的内战问题做了补充。他说："今天中国的局势，单就灾情一项而论，就不得了。内战是万万打不得的。大家反内战的声音应该喊得更大些，打的机会也可少些。为人民喉舌的新闻界，在这点上，和民盟是一致的。"由于当天主要招待新闻和期刊方面人士，所以他特别强调新闻界在反内战问题上要做人民的喉舌。他还以重庆校场口血案为例，说当时有些报馆故意歪曲事实，但一些记者不怕丢掉职业，坚持在揭露真相的稿子上签名。他称赞"这种态度极令人敬佩"。

随即，李公朴把他在三次招待会上的发言整理成《民盟的历史与组织》，发表在 1946 年 7 月 9 日出版的《民主周刊》第三卷第十七期上，这距他被暗杀的日子仅仅两天，这是他生前留下的最后一篇文章。他在文章的最后特别表示："我们愿意竭诚与各友党合作，与各友邦合作，相与为善，共谋国事，以爱自己的国家民族的前途。"

李公朴真诚地呼吁反对内战，实现民主，和平建国，这些都与国民党当时的主张截然相反，因此国民党反动派对他恨之入骨，必欲除之而后快。

昆明市中心的近日楼，本来是进步势力的一块重要宣传阵地，但随着西南联大师生复原北上，这里便阴风四起，贴满了反动标语、布告、壁报，直接针对李公朴、闻一多等民盟进步人士。特别是李公朴等举行三次招待会，表明民盟和平建国，民主团结的主张后，经常有一些人，在李公朴的住宅附近游荡。在他家的正对门，也多了一个修鞋摊子，修鞋人监视着从北门书屋进进出出的人。

国民党特务对李公朴监视盯梢，是他们准备实施暗杀的第一步。

就在李公朴返回昆明不久，云南警备司令部总司令霍揆章，即明令警备司令部稽查处少将处长王子明，调查中共云南地下党及民盟人士和进步师生。不久，王子明等人拟了一个包括李公朴、闻一多、楚图南、潘光旦在内的共五十余人的黑名单。6月，霍揆章、王子明携黑名单飞往南京，向蒋介石和陈诚汇报，并请蒋介石圈定后准备立即动手。7月初，南京国防部密电霍揆章："中共蓄意叛乱，民盟甘心从乱。际此紧急时刻，对于该等奸党分子，于必要时得便宜处之。"霍揆章接电后，迫不及待，立刻布置，将李公朴、闻一多等人列为首批暗杀对象，而第一号便是李公朴，具体行动由王子明负责。霍揆章气焰嚣张，宣布杀一人奖励50万元法币，加官晋职，并为特务们配备了吉普车和摩托车。王子明抽调特务，将他们分成情报和行动两组，对李公朴进行秘密监视，每天都有特务在北门街及李公朴住所附近轮流跟踪、监视。

国民党刽子手已磨刀霍霍，朋友和同事都为李公朴的安全担心，嘱咐他注意。李公朴理解大家的心意，他说："我在昆明市内穿着灰色长衫，一脸大胡子，谁都容易认识我。我推进光明正大的民主运动，不怕特务暗杀。"但他很清楚形势的严重性和危险性。他对夫人张曼筠说："校场口被打，不算一回事。像马寅初这样的老先生，都在重庆准备好了一口棺材，随时准备死，我们壮年人，还怕什么死。"为了和平民主，他已经把生死置之度外。7月初的一天晚上，他的秘书、好友方仲伯劝他及时离开昆明，他说："他们要杀你，什么地方都一样。看情况，我已走不出昆明了。"最后，他陡然站起来说："为了民主，我已经准备好了，两只脚跨出门，就不准备再进门。"

7月11日，天阴沉沉的，蒙蒙细雨下个不停。

白天，李公朴都在家整理资料和撰写《欧洲教育史》书稿。晚上，他和夫人张曼筠一起外出，联系借用南坪电影院开音乐会募捐的事。电影院经理刘女士是位支持民主、反对内战的朋友，慷慨答应出借影院，并热情挽留李公朴夫妇看了一场电影。电影散场后，他们夫妇在南屏街乘公共汽车回家。一上车，他们发现有国民党特务跟踪。其实在他们夫妇刚从北门书屋走出来，就被守候在附近的警备司令部行动科第十一行动组组长赵凤祥、特务汤世良跟踪上了，蓝鹏等其他特务也开着吉普车守候在电影院附近，但他们夫妇没有发现。特务们计划等电影散场后，把李公朴绑架到郊外秘密杀害。李公朴夫妇在南屏街口汽车站等车时，特务蓝鹏、崔镇山等人企图上前实施绑架，而汤世良为抢功领赏，抢先拔出手枪射击，因枪机失灵未果。接着，汤世良、赵凤祥、吴传云三人尾随李公朴夫妇上了公共汽车。在青云街车站，李公朴夫妇下车，从这里通过学院斜坡小路就可以回到北门街了。三名特务也跟着下了车，紧紧尾随在后。

雨还在下，学院坡小巷行人稀少，路灯昏暗，整条小巷寂静而恐怖。李公朴想避开跟踪的特务，快步走上学院坡。刚走两步，尾追在后面的特务汤世良对准李公朴连打两枪，特务赵凤祥、吴传云又各开一枪。李公朴扑倒在夫人身旁。张曼筠借着昏暗的灯光，看到鲜血喷泉般地从李公朴的腰部涌出，染红了土地。她急忙冲回青云街，高喊："捉人呀！杀人了！"凶手扬长而去。

学院坡口，张曼筠抱着李公朴，凄风苦雨里，焦急地盼望着有行人过来。这时，云南大学的几个同学路过这里，得知是李公朴受了伤，急忙到北门书屋和王建、李国友一起拿来帆布床，把李公朴送往云大医院。

到了云大医院，经医生检查，共有四颗子弹从李公朴的左后腰射入，穿过腹腔，从右腹穿出。血流到腹腔和胃里，不断地从嘴里大口大口吐出来，伤势非常严重，注射麻醉针也不能止住疼痛。医生决定立即手术。打开腹腔，发现腹肠穿断了好几个大洞，有两个洞口超过了一寸，行将断绝，血像泉水般地汩汩冒着，手术室里到处滴洒着鲜血。

手术完毕，已经是 7 月 12 日凌晨 1 点钟。因失血过多，李公朴时而清醒，时而昏迷。

3 点多钟，他神志清醒，睁开眼睛，自言自语地说："我早就有准备了。"

4 点多钟，疼痛使他咬紧牙关，他又睁开眼睛喊："完全为了民主，完全为了民主!"

5 点 10 分，他呼吸稍缓，突然清醒地问："什么时候了?"随即疲倦地闭上眼睛，咳嗽了两声，紫色的血从他的口里流了出来。

他不再说话了。

7 月 12 日凌晨 5 点 20 分，李公朴——这位民主斗士，心脏停止了跳动，走完了他 46 年光辉磊落的人生。

后　记

让民主的旗帜高扬

在中国这样一个曾经经历了几千年专制传统的国度里，纪念李公朴这样一个因为争民主而遭到杀戮的人物，意义尤为深刻。

孙中山说："世界潮流，浩浩汤汤，顺之者昌，逆之者亡。"孙中山看到了这样的潮流，引领了这个潮流，取得了非凡的成就；但是他还说"革命尚未成功"，他非常清楚中国的积贫积弱、列强环伺、内忧外患、岌岌可危。斯人虽逝，言犹在耳。但在他的继任者们眼里，集权、专制、铁腕更加管用，民主、科学、自由这些新生事物只是从列强那里进口的皇帝的新衣。

世界的潮流也曾公允地带给我们民主的火种，但是这火种迅即被统治者做成了官邸门前的灯笼，统治者们坚持"民可使由之，不可使知之"。

李公朴对这一切看得很清楚，于是他决定，趁这火种还未被熄灭，一定要把它偷出来，用这火种去启蒙、去照亮、去温暖每一个国人。他做到了自己所能做到的，虽然他还有许多计划没来得及实施；专制者却用了最后的手段，他们的思维有时候非常简单，以为把他的肉体消灭掉，专制的地位就会更加稳固了。事实上，当暗杀李公朴的黑枪响起，那一刻，专制者彻底走到了庶民们的对立面；那一刻，李公朴无疑已经成为了中国百姓的普罗米修斯。

李公朴被暗杀，在国内外引起了强烈震动，昆明、重庆、上海等各地各界纷纷举行了抗议和悼念活动。13日和14日，中共中央的机关报《解放日报》《新华日报》分别发表社论：《人民的运动是阻止不住的——论李公朴先生殉难》和《悼李公朴先生》，指出国民党反动派的暗杀行为是"对全国和平民主运动更疯狂的进攻的信号"、"反动派想以独裁恐怖与内战来堵住中国人民争取独立和平民主的洪流，其必然遭到惨败是可以断言的"，指出李公朴的被暗杀是"独立和平民主斗争中的重大损失"。毛泽东、朱德联名向李公朴夫人张曼筠女士致唁电，并赠挽联："为保卫政协争取民主而牺牲的斗士，精神不死！"周恩来对国民党的卑鄙伎俩表示震惊和愤慨，并与邓颖超联合赠挽联：“为民主，为和平，为大众，成仁取义；反独裁，反内战，反特务，虽死犹生。”曾聆听过李公朴演讲的西南联大的学生们，在昆明的追悼会上，为他献上了一首挽歌：

安眠吧，公朴先生，

你的名字是民主的旗帜。

你的一生是斗争的历史，

你是人民大众的导师，民主运动的舵手。

你的死啊，

更暴露了法西斯的狰狞面孔，要杀一切善良的人民。

千万人愤恨又伤心，

千万人在心里盟下了誓，

千万人要继续你的遗志，

踏着你的脚步，为民主和平团结而斗争。

安眠吧，公朴先生，安眠吧，公朴先生。

民心不可违，潮流不可逆。

用遍了法西斯手段的国民党最终困守孤岛。

起步于高举民主和科学旗帜的五四运动中的中国共产党则紧扣时代的脉搏，开展了新民主主义革命，建立了人民民主专政政权。是他们，播撒了民主的火种，让民主的旗帜高扬。